Du trocknest meine Tränen wieder

Religiöse Lyrik & Texte

Vera Hewener

Edition Calamus

Über das Buch
Gedanken an Gott bereiten einen Weg zu ihm, dialogische Überlegungen spannen den Bogen zur Erkenntnis, sie aufzuschreiben ist Zeugnis seiner Gegenwärtigkeit. Vera Heweners Gedichte über Glauben, Frömmigkeit, Marienverehrung, Engel und das Kirchenjahr sind wie Gebete, laden zu Andacht und Meditation ein und entrücken in einer andere, geistliche Welt. Heilige und stille Orte lassen die Anwesenheit Gottes in Vergangenheit und Gegenwart lebendig werden. Gedichte und Texte über Kirche und Welt verorten die Beziehung zwischen Kirche und seinen Mitgliedern in kritischer Distanz, werfen Fragen auf und regen zur Diskussion an. Die ausgewählten Texte und Gedichte sind zu verschiedenen Zeiten und Orten von 1986 bis 2016 entstanden.

Pressesplitter
"..fast meditativer Tonfall ... weil bei ihren Zeilen alles ein sicheres Maß hat. Zart, zerbrechlich und bewundernswert ist dieses Maß."
Saarbrücker Zeitung, 09.03.2011.
Lesung wie eine Andacht gestaltet...einfühlsam mit Meditationen und musikalischer Untermalung...tiefgehende Einführungen... Marienverehrung eindrucksvoll dargestellt...Marienmonat Mai und seine Verbindung zu Pfingsten fand Raum. Einstimmig das Empfinden der Anwesenden: „Eine seelisch beglückende Stunde" wurde uns geschenkt.
(Heusweiler Wochenpost KW 20/14, 14.05. 2014)

Über die Autorin
Vera Hewener, Jahrgang 1955, aufgewachsen in Saarwellingen, lebt in Püttlingen-Köllerbach. Veröffentlichungen seit 1985 u.a. in Deutschland, Frankreich, der Schweiz und Österreich. Einzelübersetzungen ins Französische und Ungarische. Aufnahme von Gedichten in Schulbüchern. Mehrere internationale Preise und Auszeichnungen, u.a. „Superpremio Cultura Lombarda" vom Centro Europeo di Cultura Rom (I) 2001, „Grand Prix Européen de Poésie" von CEPAL Thionville (F) 2005, Goethe-Preis 2013, zuletzt Trophäe Mörike 2015.

Du trocknest meine Tränen wieder

Religiöse Lyrik & Texte

Vera Hewener

Edition Calamus

Die Deutsche Bibliothek verzeichnet diese Publikation in der Deutschen Nationalbibliografie; detaillierte bibliografische Daten sind im Internet unter http://dnb.d-nb.de abrufbar.

© BoD - Books on Demand GmbH. Alle Rechte vorbehalten. Das Werk, einschließlich seiner Teile, ist urheberrechtlich geschützt. Jede Verwertung ist ohne Zustimmung des Verlages und des Autors unzulässig. Dies gilt insbesondere für die elektronische oder sonstige Vervielfältigung, Übersetzung, Verbreitung und öffentliche Zugänglichmachung.
© Für die Texte und Fotografien: Vera Hewener
Titelfoto: Fensterausschnitt Karl Rieder Schwarz, Dekanatspfarrkirche Brixen im Thale (A)

Herstellung und Verlag:
BoD - Books on Demand
In de Tarpen 42
D- 22848 Norderstedt
Printed in Germany
1. Ausgabe 2016

ISBN 9783743113589
9,90 EURO

Inhaltsverzeichnis

Andacht ... 9
- Ewiges Licht ... 10
- Allerliebstes Licht ... 12
- Du trocknest meine Tränen wieder ... 13
- Der Weg ... 14
- Die Wahrheit ... 15
- Das Leben ... 16
- Glaube ... 17
- Hoffnung ... 18
- Liebe ... 19
- Karmel ... 20

Heiliges Land ... 21
- Heilige Steine ... 22
- Klagemauer ... 23
- Erscheinungen ... 24
- Jerusalem ... 25
- Schuld und Sühne ... 26
- Grabeskirche ... 27
- Fahrt nach Tel Aviv ... 28
- Strandhotel in Nahsholim ... 29
- Abschied ... 30

Marienverehrung ... 31
- Nur eine ist's ... 32
- Mariengebet ... 32
- Verkündigung ... 33
- Marias Heimkehr ... 34
- Kräuterweihe ... 34
- Marienfürbitte ... 34
- Marias Lob ... 36

Kirche und Welt ... 37
- Eine Sehnsucht nach Heil ... 38
- Zwischenrufe ... 39
- Lebensgarten ... 40
- erbsünde ... 41
- dogmatisch ... 42
- Messgang ... 43

Eigentumsverhältnisse 44
Bittgesuch 45
Selbstverherrlichung 46
Die Unvollendeten 47
Lichtfest 48
Gesegnete Mahlzeit 49
Glaubensfrage 50
Blauäugig oder die Erlösung von der Angst 51
Im Schatten der Basilika 54
Berlin Alexanderplatz 55
Berliner Lustgarten 56

Christi Geburt 57
Heilige Nacht 58
Wenn Christrosen blühen 59
Die Botschaft 60
Christnacht 61
Oh käm zu uns noch einmal einer 62
das Kind 63
Der Stern von Bethlehem 64
Vieni Gésu, reste per noi 65

Altenglische Christmas Carols in deutscher Fassung 67
Hört des Botenengels Ton 68
Ein neuer Stern 69
Wem ist das Kind 69
Oh heilige Nacht 70
O kleines Städtchen Bethlehem 72
Gott schenkt euch Freude allezeit 73
Freude der Welt 75
Das erste Weihnachtsfest 76
Ein Stern leuchtet in Dunkelheit 77

Traditionelle Kirchenlieder in moselfränkischer Fassung 79
Vom Himmel hoch dò kumm eich hea 80
Än Reeschen dat gewaas woa 81
Ave Maria zaat 82
Stille Naat, häälisch Naat 83
Himmel tau uf den Gerechten! 84

Ostern 85
Karwoche 86
Der Ruf 87
Todesstunde 88
Püttlinger Dom.. 90
Weißer Sonntag.. 90
Requiem 91
Staubkorn 92
Getsemani 93
Frau Christin 94
In Paradisum deducant te angeli 95
auferstehn 96
verdingt 97
steinkreuz 97
wegezoll 98
abgang 98

Pfingsten 99
Licht vom Licht 100
Die Botschaft aus Licht... 101
Licht vom Licht bist du 101
Mir ins Herz du sprichst 101
Lass mich atmen Herr.. 101
Komm zu mir herab.. 101
Und redete mit Zungen 102
Ach Jehova 103
Shin 103
Pfingsten 104
Sefirot... 104
Heimatlos 105
Auf dem Weg zu dir 105
Hinwendung zum Du.. 106

Himmlische Heerscharen 111
Geschöpfe des Lichts... 112
Sankt Michael... 114
Himmelspforte 116
Lebensbeschwörung.. 116

Stille Orte 117
Auf der Rückseite des Todes................................. 118
Fluchtweg... 119

Andacht 120
Tochter Zion 120
Stilles Leben 121
Martinskirche 122
Alter jüdischer Friedhof Saarbrücken 123
Stumme Schreie 124
Unsichtbares Mahnmal 126
Jenseits des Samensäenden 127

Anhang **133**
Anmerkungen 133
Gedichte, die ausgezeichnet wurden 134
Quellenverzeichnis 135
Bücherliste 136

Andacht

EWIGES LICHT

I
Das Gute ist
das Schwerste von Allem
Es fordert Engelgleiches

II
Das einzig Beständige dieser Welt
ist das Unbeständige

Das Beständige des Lebens
bist Du

III
Wie kann ich meine Finsternis brechen
in der Dunkelheit der Welt
wie mich wärmen
an dem Feuer Deiner Liebe

Du umfängst mich
mit Deinem Wärmestrahl
um mich immer wieder
zu erhellen

IV
Wie oft möchte ich meine Scham verbergen
über meine Schwäche
die mich einholt
wenn die Welt
scheint

Doch Du liebst weil Du liebst
immerfort
unaufhörlich

V
Du kommst
wenn ich auf meinem Ölberg stehe
wenn alles mich verlassen hat
wenn alle Schmach
mich ans Kreuz schlägt

Du kommst
hüllst mich ein
mit dem Wundtuch
Deiner Liebe

VI
Manchmal öffnest Du mir
Deinen Lichtweg
und schenkst mir
was Menschen nicht vermögen

Wie sehr möchte ich Dir folgen
wie sehr dieses Glück
bewahren

ALLERLIEBSTES LICHT

Da Du mich rufst, Dir zu folgen,
nimm nur mein Herz, nimm meine Seele ganz.
Kein Weh, kein Schmerz wird mich Dir nehmen,
vergess ich mich, vergess den Glanz.

Da Du mich rufst, Dir zu folgen,
gebe ich Dir mein ganzes Leben neu,
will Garten sein, sä' Dich mir wieder,
dass keimen kann die Frucht der Treu'.

An Deinen Blüten ich mich freue,
an Deiner Nahrung reife ich allein
und Deiner Sonn' erwächst die Wurzel,
die Tränen werden Regen sein.

Da Du mich rufst, Dir zu folgen,
geb ich mich Dir zu Deinem Willen hin,
mein Schöpfer Du, mein starker Tröster,
Du meiner Hoffnung Zuversicht,

Du hellstes, allerliebstes Licht.

Du trocknest meine Tränen wieder

Du trocknest meine Tränen wieder,
die vergossen ich in meiner Qual,
die meinem Kampf so still entsprungen,
Du sandtest mir Dein liebendes Fanal.

Mit Deinem Geist nur widerstand ich,
bezwang den Zweifel und die Not;
besiegte, was zehrte und zersetzte
ergab mich Deinem Liebesaufgebot.

Du schenktest mir den Frieden wieder,
den verloren ich im Glanz der Welt,
der meines Herzens Kraft zerschnitten.
Dein Leuchten lag auf mir, hat mich erhellt.

Du trocknest meine Tränen wieder,
die vergossen ich in meiner Qual.
Du trocknest meine Tränen wieder
und lädst mich ein zu Deinem Hochzeitsmahl.

DER WEG

Aus der Düsternis entschwebt
ein Lichtkreis, verwebt
das Klangfeld aus Orgelflöten
die hellklaren Fanfaren.

Es strömen Tonkaskaden
in die hohen Hallen.
Mit milder Zartheit fallen
Musikgebete in die Seelen
und lösen ihr Fehlen auf.

Im Meer der Orgelklänge
versinkt die Gemeinde tief,
vor Augen die Christusgänge.
Der seine Jünger berief
stieg vom Kreuz herab.

Das Brausen der Posaunen
steigert die Visionen,
Engelzungen raunen.
Ihre Botschaft verkündet
den Weg, die Wahrheit, das Leben.

Von Jesus den Menschen aufgegeben:
niemand kommt zum Vater,
denn durch mich.

Die Wahrheit

Deine Nähe lässt mich weinen
Göttliche Gnade ist Deine Gewissheit
Ein Zeichen sendest Du mir

Ich empfange es voll Verwunderung
über die Schlichtheit der Wahrheit

Ich bin nichts ohne Dich
Du bist alles in mir
Schöpfer, Lebensspender

An nichts kann ich mich halten
als an Deiner Liebe
Deinem alles umfassenden Heil

Das Leben

Er nur kann wählen dich aus dem Kreis Menschen, die ihn nicht erkennen,
wird dich begleiten auf geistigen Flügeln, umarmen und halten,
bis deine Seele zerspringt von der Nahrung des Lichts und der Weisheit,
heilt deine Wunden, den Schmerz lindernd, löscht aus die quälenden Fragen.

Pocht auch dein Herz an die Nacht und friert verlassen, fleht nach Erlösung,
sendet Er Engel dir zu, deine Not löst Er auf in Vaters Trost.
Willst du empfangen ihn, öffne dich weit, Labsal stillt diesen Hunger
und in der Dunkelheit ist Er dein Hoffnungsgeleit durch die Trübnis.

Ich bin bei Euch bis ans Ende der Tage, so spricht Er zu dir, Gott, Dein Herr.
Seine gewaltige Herrschaft erwartet den Sehnenden wahrhaft.
Ihm zu vertrauen erfüllt und beglückt. Gibst du Ihm dich hin, sieh nur,
all deine Ängste und Sorgen versiegen, gesegnet wirst du sein.

GLAUBE

Wie tief in Schmach und Leid gehüllt
hast uns das Leben neu erfüllt
in gnadenloser Liebe

Wie schmerzhaft war der Gang zum Kreuz
wie dunkel allen Tods Geläuts
dich trafen Peitschenhiebe

Wer dir noch folgt
wer um dich fleht
den hat dein Opfer angeweht

Wer dich noch sucht
wer um dich bangt
dessen Herz nach dir verlangt

Wie tief in Schmach und Leid gehüllt
hast uns das Leben neu erfüllt

Wer dich erkennt
wer dich erblickt
ist ganz von deinem Geist erquickt

HOFFNUNG

Oh liebster Herr Jesus
komm zu mir herab
da du stiegst aus dem Grab

Lass das Kreuz meiner Seele
Licht im Lichte sein
Lass den Hauch deines Geistes
Herzen der Liebe weihn

All meine Sinne
blicken hinauf zu dir
dass nichts mehr mich trübt
alles zieht mich hin zu dir

Oh liebster Herr Jesus
komm zu mir herab
da du stiegst aus dem Grab

Lass dein Licht meinen Augen
strahlendes Leuchten sein
lass die Kraft deiner Güte
Zweifel der Hoffnung weihn

All mein Sehnen
will nur hinauf zu dir
dass sich erfüllt mein Leben
ewig im Bund mit dir

LIEBE

In der Finsternis der Nacht
hält dein Licht mich stark und fest
alles was mich zweifeln lässt
ist von Liebe zugedacht

Was das Kreuz verheißen hat
dass die Liebe überdauert
dass mich Leid nicht mehr erschauert
ist dies Geistes heilge Saat

Liebe trägt uns wie auf Flügeln
unversehrt in Licht und Schatten
lässt im Kampf uns nicht ermatten

Liebe wird das Dunkel zügeln
was sich sträubt zum Licht bekehren
Liebe kann nur Liebe lehren

Auszeit im Karmelitenkloster Springiersbach vom 25.-28.8.2003

KARMEL

Mein Herz, in tausend Fasern aufgerissen,
zerästelt, aufgespleißt und leergefühlt.
Im Ruhelosen ausgedacht, zerschlissen,
im Lärmenden zerschellt und weggespült.

Die Stille leicht und hell, so deutlich spürbar
sein Geist, berührte, füllte jeden Ort.
Im Schweigen sprach die Stimme, rief mich wortklar,
und meine Seele heilte immerfort.

Der Stundenschlag vereinte Ordensleute
mit jenen dort, die das Gebet verband.
Wer tiefen Glauben suchte, sich nicht scheute,
in Gottes Liebe einging und verstand.

Der Berg Karmel entfacht sein Feuer wieder.
In der Kapelle brannte heil'ge Loh.
Ergriffen kniete vor Verehrung nieder
das Gottesvolk, der Schmerz verging, entfloh.

Heiliges Land

HEILIGE STEINE

Die heiligen Steine Jerusalems,
wer trug sie auf den Schultern oder im Herz?
Gebeine aller Heiligen unter blutrotem Felsengrab.

Die Klagemauer sammelt die Bitten der Flehenden,
stützt versunkene Gebete ab wie Jahrtausende
voller Gewalt, Krieg, Flucht und Vertreibung.

Am Sabbat vielstimmiger Chor der heiligen Stätten:
Kantorengesang aus Synagogen,
Muezzinrufe von Minaretten,
Geläute der Kirchenglocken.

Abrahams Kinder pilgern, atmen Weihrauch,
handeln weiter um das beste Gottesangebot.

Wer kennt das Gebot der Nächstenliebe?

Klagemauer

Diese fedrigen scharfkantigen
Wedel der Palmen.
Stehmücken verteidigen
die grünen Schwerter.
Die Mauern heiliger Stätten
bekämpfen sich immer noch.

Das Gemurmel Gottesgläubiger
versiegt in grauen Ritzen.
Unter den Tempeln
modert Kälte.

Sie und die Hitze des Tages
verbreiten nichts als Gewitter.

ERSCHEINUNGEN

Die Zeichen der Hoffnung, hochgehalten
in den schmalen Gassen der Stände.

Maria auf der Ikone mit dem Jesuskind im Arm.
Plötzlich leuchtet die goldene Ummantelung
des Schreins, als hätte der Menschgewordene
seinen Geist unters Volk gemischt.

Maria hält den Knaben ins Licht,
als wollte sie das Herz der Liebe
an Vorbeipilgernde weiterreichen.

Die verloren geglaubte Zeit
versöhnt die Berührten
mit Hingabe.

JERUSALEM

Weiße Steine pflastern alle Wege
trennen teilen Jerusalem
wie ein Apfelspalter

mühsamer Weg in die Höhe
kein Baum der Erkenntnis
von dem zu speisen wär

über der goldenen Menora
thront die goldene Kuppel
darunter römische Kapitelsäulen

vor der Klagemauer der Frauen
wachen Angehörige der Orden
über die Einhaltung ritueller Verhaltensregeln
die Mütter Theresas bekreuzigen sich

Verschleierte klammern sich an die Ritzen der Wand
religiöse und unreligiöse Menschen lehnen sich
mit ausgebreiteten Armen an die Mauer
für die Öffnung göttlicher Begegnung

Wortflammen züngeln
vor den Augen Schweigender

der Rückzug vorsichtigen Schritts
ohne Smartphones und Tablets
rückwärtsgewand

SCHULD UND SÜHNE

Welche Hoffnung könntest Du
heute noch haben
nach Jahrtausenden
der Schmach und des Verrats?

Welche Schuld nach all den
Kämpfen kannst Du verzeihen?

Für uns, Herr und Gott, büßen
die Seelen, gefangen
im Licht des Staubs,
aus dem Du uns geformt,
wieder und wieder.

Sie können sich nicht lösen
für die Ewigkeit.
Sie flüstern aus dem Grund
aufgetürmter Steine
und schweigen laut.

Nur das Gestammel
Suchender nach Verstehen
übertönt die Stimmen.

Die Hitze klirrt in den Felsen
vor Sehnsucht.

GRABESKIRCHE

Innehalten
vor dem Bogen der Inschrift,
den gemeißelten Schriftzeichen,
den Treppenabgängen
des Kirchengemäuers.

Zuhören
in der Stille des Lärms
aller Verrohung
menschlichen Geistes
und weiter hoffen.

Einatmen
die Beschwörung der Litaneien,
den Weihrauch geistlicher Gebete,
die Berührung verlorener Seelen.

Nicht fertig werden
mit den Schatten der Tempel,
dem Schreien Hingerichteter
im Anblick der Grabstätte des Herrn.

Aufstehen
mit zerbrochenen Knien
entkalkter Knochen,
der splitternden Nacktheit
des Glaubens.
Allein seine Nähe erlöst
von weitergegebener Schuld.

FAHRT NACH TEL AVIV

Die unfertigen Häuser
verbunden mit Wäscheleinen,
aufblühende Rosensträucher, Oleanderbüsche.
Dazwischen Bananenstauden,
Tomatenstöcke, Karottenbeete.

Drüben die schmucken Behausungen
gekalkter Wände, terrassenverbunden,
rauschende Ölbäume und Bienenstöcke.

Dazwischen die Autobahnen,
versunken im nackten Felsen
versteinerter Fronten,
durchlöchert
und einfahren
in die Hauptstadt Israels.

Eingefangen die wortlosen Dämonen
hinter gespannten Maschinengewehren,
prüfenden Blicken der Soldatinnen,
bohrenden Fragen der Kontrolleure.

Leben mit der Angst des Augenblicks,
der Flüchtigkeit der Zeit,
dem ungewissen Ankommen.
Eine Stimme, sprachverzweigt,
über allen Himmeln
spricht aus Abrahams Schoß.

STRANDHOTEL IN NAHSHOLIM

Gestrandet auf gelben Stühlen
im feinkörnigen Sand der Karmelküste.
Aufspringende Wellen
im rollenden Gleichklang
versprühen über Felskuppen Gischt wie Möwen.

Nebelkrähen stolzieren umher,
säubern den Randstreifen
von Würmern und Insekten.
Ein Salamander, schwarzgepanzert, kriecht
unter kahlgespülten, aufragenden Steintafeln hervor.

Vor den Hotelzimmern brennen
Kugellampen im Gras.
Mädchen und Jungen spielen Fußball.
Hebräische Rufe der Mütter
verklingen in der Dämmerung.
Rachel segnet ihre Kinder.

Getrennte Restaurants für Bewohner und Gäste,
Schalen für Waschungen, koschere Küche
und Touristenmensa.

Alles wirkt friedlich miteinander
im Nebeneinander.

Am Horizont schweift der Mond
inmitten silbriger Sterne.

ABSCHIED

In den Schächten der Worte
bleibt die Erinnerung haften.
Du hast die Muschel ans Ohr gehalten,
um den Atem des Meeres zu spüren.

Der Zuruf der Urgewalt
weiß nichts von Verhältnismäßigkeiten.

Elemente immerwährender Wiederholung
in den sich verändernden Abläufen
deiner Jahreszeiten.

Saatgut geworfen
in die Minuten des Reifenden
aufgeht im Grund.

Wer glaubt, dass das Ende naht?
Abschied und Anfang im Rhythmus
der Ewigkeit.

Marienverehrung

Nur eine ist's
die auserwählt
arm
schwach
einfach

Wer aber
dies missachtet
findet keinen Weg
zum Herrn
der Schöpfung

Mariengebet

Maria
die du alle Schmerzen einer Mutter
geboren hast
steigst empor aus der Last
irdischer Not

Schenk mir das Brot
dieser Liebe

VERKÜNDIGUNG

Durchscheinend wie des Höchsten Licht
tritt er mit einem Hauch hervor
fühlt spürt sie was sie zart umwirbt
mit Flügeln aus dem Sternentor

aus andrer Zeit durch alle Zeiten
ist Gabriel zu ihr gekommen
was er vernahm trug er ihr zu
er ist weil er das Heil vernommen

die Flügel bauschen sich im Glanz
verklärt der Augen stilles Flimmern
es füllt den Raum mit Gotteskraft
des klaren Geistes hellstes Überschimmern

und als er sprach verkündete
das Ungeheure ihr der Allerkleinsten
erschauert staunte bangte sie
dass sie erkoren war zur Reinsten

als zaghaft sie die Augen hob
begriff dass sie der Schoß des Lichts
für alle Menschen werden sollte sank sie
zu Boden der Sohn in ihr geboren einem Nichts

da fielen von ihr Schmach und Leid
denn Großes war ihr widerfahren
voll Demut klopfte froh ihr Herz
des Höchsten Gut sie durfte es bewahren

Marias Heimkehr

Maria
dein Sohn hat dich gerufen
breite aus
den Mantel deines Glaubens
dass dein Geheimnis
unsere Seelen findet
denn wahr ist
was du gelebt:
die nie etwas besessen hat
gebar das Heil
der Welt

Kräuterweihe

Steh auf es ist Zeit
sieh an das Himmelslicht
richte dich
sammle sieben Kräuter

all deine Jahreszeiten
in Mariens Strauß gebunden
der uns gefunden
zum Zeichen

Marienfürbitte

Mutter Gottes die du hast getragen
alle Blumen des Lichts ins dunkle Grab
lass Knospen sich winden
dass wir wiederfinden
Blüten der Liebe
die du uns einst
gebracht

Marienstatue auf der Kirche Saint-Joseph des Anges in Villeneuve au Chemin, Region Grand Est (F)

MARIAS LOB

Maria sang das Lob da ihr verkündet
das Gotteskind in ihrem Leib zu tragen
sie sang es ohne Angst und ohne Zagen
mit ihrem Mut das Licht der Welt begründet

die neue Zeit in der die Liebe mündet
ins Reich des Herren sollten wir es wagen
uns hinzugeben denn euer Fragen
Verzweifeln vor welcher Wahl ihr heute stündet

hätt' Maria nicht gesungen bleibt
für immer ohne Antwort Gottes Sohn
ist gestorben mit der Dornenkron

die Seele sich am Unsichtbaren reibt
im Irdischen werden wir nicht erfahren
ob sich im Ewigen die Himmel klaren

Kirche und Welt

EINE SEHNSUCHT NACH HEIL

Wollten wir das Christliche oder Anomie
Wer brachte den Mördern das Töten bei,
wer dem Dieb das Stehlen?

Wir spüren deren Gewalt in unserem Kopf,
wenn wir denken.
Welche Gehirnzellen bewegen dich?
Wir müssen sie nähren
mit Liebe und Aufrichtigkeit.

Unsere Luft schmeckt nach Sehnsucht,
Sehnsucht nach Vereinigung,
wenn wir sie erstreben.
Wir müssen sie schützen
vor Ablassbehörden und Zuchthäusern.

Wenn die Liebe sich neigt
geht das Heil verloren
für das Er gelitten.

Wir können die Augen nicht schließen,
um nicht sehen zu müssen,
aber wir können aus Liebe
eine Kirche bauen.

ZWISCHENRUFE

1
Wer ist das Salz der Erde,
wenn selbst das geweihte Salz nicht mehr salzt,
weil es seine Würze im irdischen Reichtum
verloren hat?

2
Eher geht ein Kamel durch ein Nadelöhr
als ein millionenschwerer Bischofssitz
in den Himmel

3
Und ich sage dir, noch ehe der Hahn kräht
wird ein Bischof dreimal lügen

4
Wenn eure Gerechtigkeit nicht besser ist
als die eines Verlorenen, könnt ihr
das Himmelreich nicht sehen.

5
Zündet euer Licht an
und stellt es auf einen Leuchter,
damit Verlorene es hinter ihren Mauern
sehen und ihm nachfolgen können.

LEBENSGARTEN

Milde waltet in des Gartens ew'gen Hände
Samen streut den Segen der Natur
in geistliches Gelände
einer weiten Heimat

ein Lebensbaum der ausgebreitet Wurzeln flicht
im Wüstensand der Früchte führt
in himmlisches Gelicht
und niemals ruht

Güt'ger Gott
der du das Walten deines Dieners überlässt
dem Sorgen für die Seelen
als ein übervolles Erntefest
in deiner Heimstatt

die sich öffnet
in der Blüte allen Liebens
sich dem Leuchten hingibt
Senfkorn allen Siebens
mit vollem Blut

Feigenbaum
du trägst das neue Blatt
als eines Lebens grüne Frucht
die in sich birgt das Reine
einer dornenlosen Rosenzucht

Gewidmet Pastor Hans Georg Müller
Püttlingen, Weiherbergstraße, 29.08.08

ERBSÜNDE

täglich
kniet die alte frau
mit schütterem haar
auf der schwarzen bank

sie beichtet
immer noch
einen mann
geliebt zu haben

dafür habe sie alles geopfert

sei die schuld
der sündigen schwangerschaft
nicht endlich gebüßt

DOGMATISCH

ich habe das kreuz gehalten
die weißen fahnen
nicht befleckt

ich habe mein kreuz gehalten
mein brechendes rückgrat
abgestützt mit den worten
der väter

fiel ich zusammen
mit meinen schwestern
und diente bald zweitausend jahre
den fron

sag schöpfer
hast du das den vätern erlaubt

MESSGANG

Der Ministrant schlägt die Glocke
dreimal wandelt sich der Wind
zwischen den Kirchenbänken
einige fallen noch auf die Knie
ins mitgebrachte Polster

Weihrauch nebelt im Altarraum
der Priester trinkt den Kelch aus
im Turm die Predigt verhallt

die in Andacht versunken
hoffen im Innern eine Stimme zu hören
für die Zwiesprache mit dem heiligen Geist
das Für und Wider abzuwägen
Licht und Schatten zu erahnen

nicht allen kommt das Agnus Dei
von den aufgespritzten Lippen
viele Blicke wenden sich nach unten

Hostien im Überangebot
keiner will für das Lebensglück
in Haftung genommen werden
die meisten sind nicht nüchtern

EIGENTUMSVERHÄLTNISSE

Wer dachte
er könne Dir nachfolgen
übers Wasser laufen
oder Wunder vollbringen
sah viel heiliges Theater
vor sich gehen

aber nie kam ein Delphin
um Reisende mitzunehmen
nie kam Gnade
aus dem Beichtstuhl eines Zuchtmeisters
nie kam Liebe
aus den Worten eines Ablasspredigers

Oh Herr
warum lässt du die gewähren
die deine heilige Schrift
vor sich her tragen
wie ihr Eigentum

sagtest Du nicht:
eher geht ein Kamel durch ein Nadelöhr
als ein Reicher in den Himmel

BITTGESUCH

Museum Mausoleum unterirdisches Höhlengrab
besichtigen gläubige und ungläubige Touristen
der Geistlichkeit
in Rom, Mekka, Jerusalem...

Kunstwerke zu Ehren des einen Gottes
dem immer wieder
durch Jahrtausende hindurch
von den gehorsamen Rittern der Schrift
mit flammenden Schwertern
Reiche im Diesseits geschaffen wurden

sie beschwören immer noch ausnahmslos
alles, was sie zum Osterlamm erklären
schlachten zu müssen

die vielen Schlächter der Religionen
verbreiten die Himmelsgewissheit
als ihr einzig Wahres mit aller Gewalt

Oh Herr
hilf ihnen
in dir zu erkennen
den liebenden Schöpfer
den seligen Spender
den gnädigen Retter
des Lebens

bevor ihre Waffen
Deine Schöpfung
vollends zerstören

SELBSTVERHERRLICHUNG

Oh ihr Tempelausrufer
Bodenküsser
Schiffsbauer

Welche Farbe haben eure Schuhe?
Aus welchem Stoff sind eure Gewänder?
Aus welchem Marmor die Steine?

Wer hat sie gesohlt?
Wer hat sie genäht?
Wer hat sie gemeißelt?

Oh ihr Erfinder der Botschaft
der Unfehlbarkeit
der Selbstvergötterung

Wie viel Tödliches tragt ihr in die Welt
die ihr doch umsorgen solltet

wie ein Fischer
der seine Netze
ins offene Meer wirft?

DIE UNVOLLENDETEN

Sie meinen alles zu wissen
sprechen vom rechten Leben
von richtiger Liebe
vom geraden Weg

ein Blatt fällt zu Boden
wenn es ausgetrocknet von der Sonne
abgerissen vom Wind
zerfressen von Schädlingen

ein Blatt schwebt
getragen von der Thermik
weht nach rechts nach links
wird fortgetragen
landet weit ab vom Baum

ein Blatt mischt sich
mit anderen gefallenen Blättern
bildet eine Schutzschicht
vor dem Fall des nächsten Blattes
vermodert vereint mit anderen im Humus
und düngt den Grund
für das Werdende

was weiß jemand
der nie schwebte
sich nie vereinte
sich nie tragen lies

was weiß jemand
von Deiner Schöpfung oh Herr
wenn er sich dem Schöpfungsakt
nicht hinzugeben weiß

Oh ihr allwissend Unwissende
möge der Herr
in seiner unendlichen Liebe

fortfahren
seine Boten nicht ruhen zu lassen
euch das Blatt der Erkenntnis
näher zu bringen
für die Vollendung des Lebens

Lichtfest

Dereinst wird kommen
der dir das Leben gegeben hat
andere haben es dir genommen
wähnten das Leben selbst als Missetat

Dereinst wird kommen
dem du dich selbst hingegeben hast
wenn du auf der Straße beklommen
angehalten hast für die Rast
Seiner Liebe

Daselbst Er kommt
hellt auch das letzte Licht
bis nur noch Sein Licht
lichtert
leuchtet
lodert
brennt
in mir

GESEGNETE MAHLZEIT

Sie treten immer noch auf die gleichen Stellen
sie haben nie gewagt
einen Schritt nach rechts nach links
nach vorn oder zurück zu gehen

Seit Jahrtausenden sehen sie ins Blaue
pflegen Sonnenbrillen für die Himmelfahrt
dabei sollten sie sich die Erde nutzbar machen

säen
ernten
Leben vermehren
die göttliche Botschaft weiter tragen

die Stillgestandenen
tragen immer noch
die gleichen Gewänder
die gleichen Schuhe

an der Schwerlastigkeit der Bewegungen
werdet ihr sie erkennen
am tauben Händedruck
am stoischen Blick

Deine Erben pfingsten nicht mehr oh Herr
Die Ruheständler der Nächstenliebe
trinken Messwein
und speisen entsegnete Oblaten

GLAUBENSFRAGE

Bin ich eine Frevlerin
weil all das
was Du mir zeigst
an der Wirklichkeit
sich aufreibt

Bin ich eine Zauderin
weil all das
was Du mir schenkst
von der Wirklichkeit
wieder zerstört wird

Bin ich eine Heuchlerin
weil all das
was Du mich glauben machst
in der Wirklichkeit
kaum zu leben ist

Warum siehst Du mich oh Herr
eine sich Aufreibende, Zweifelnde, Scheiternde

Warum liebst Du
rückhaltlos beständig
was Dir nicht standhalten kann
wieder und wieder

BLAUÄUGIG ODER DIE ERLÖSUNG VON DER ANGST

Diese furchtlosen blauen Augen strahlten. Ihre Helligkeit leuchtete aus einem Wahnwitz zwischen kindlichem Staunen und ungerechtfertigter Gutmütigkeit. Diese Stärke schuf Idyllen, glasklar, unumgänglich, unwiderruflich. Jeder, der sich in diese Blauäugigkeit flüchtete, bedankte sich hinterher mit der Geste des Gedemütigten.

Er war einer der letzten großen Lehrer, der die Weltreligionen verteidigte wie andere ihr Reihenhaus. Wer ihm in die Augen schaute, verlor seine nagenden Zweifel. Ohne Frage, sollte er sterben, wären die Weltreligionen ohne Beistand geblieben. So pilgerten der Papst und der Ayatollah zu ihm, um ihm zu huldigen und sein Wohlgefallen zu erringen.

„Großer Meister", sprach der Papst, „was geschieht mit der Kirche, wenn die Christen ihren Glauben verlieren?"

Der Blauäugige sah ihn an, schwieg eine Minute und fragte: „Verlören die Christen ihren Glauben an die Kirche, verlören sie auch ihren Glauben an Gott?"

Der Papst dachte nach: „Kirche und Gott sind eine Einheit. Wie kannst du sie trennen?"

„Gott schuf die Kirche. Aber die Kirche selbst ist nicht Gott. Du sollst keine fremden Götter neben mir haben, sprach Gott zu Moses. Wenn die Kirche mehr Macht ausübt als Gott, betrügt sie ihren Schöpfer. Die Christen aber wollen Gott lieben. Gehe hin, lege deine Tiara ab und sei ein Apostel Gottes. Dann werden die Christen auch ihre Kirche wieder lieben."

Der Papst war verwirrt. „Aber wer soll ihr Führer sein und ihnen sagen, was richtig oder falsch ist?"

„Gott wird es ihnen sagen, wenn du durch ihn sprichst."

„Großer Meister, sprach der Ayatollah, „was geschieht, wenn niemand mehr für seinen Glauben sterben will?"

Der Blauäugige wandte sich ihm zu: „Stürbe kein Moslem mehr für die Verbreitung seines Glaubens, stürbe auch das Paradies?"

„Das Paradies ist der Inhalt unseres Lebens. Nur, wenn wir es erreichen wollen, wird Allah uns nicht verdammen."

„Allah ist groß, sein Paradies wird nicht kleiner, wenn die Moslems einen natürlichen Tod wählen. Deine Pflicht ist es, den Koran zu lehren, nicht Andersgläubige töten zu lassen. Gehe hin, widerrufe alle Todesaufrufe und verbreite die Sunna. Dann steht das Paradies allen Moslems offen."

Verwirrt ergriffen beide gemeinsam das Wort: „Großer Meister, wie sollen Christen und Moslems miteinander leben, wenn es nur einen Gott gibt und jeder behauptet, sein Gott sei der einzig Wahre?"

„Der Geist des Universums zeigt sich jedem anders. Sein Schöpfungswille wird ständig neu geboren. Keine Gottheit reinkarniert sich jedoch im widernatürlichen Tod. Menschen fürchten den Tod. Der Tod aber garantiert die Wiedergeburt. Dies ist das Zeugnis, das der Geist des Universums hinterlässt. Die Wahrheit lehren alle, die einen Glauben haben. Jeder Glaube ist Wahrheit. Das Unverrückbare unserer Existenz jedoch liegt jenseits des Universums. Wir können es nicht zurechtbiegen, damit es in einen Glauben passt."

Der Papst verstand nicht und sagte: „Wir werden wiedergeboren im Reich Christi." Der Ayatollah sagte: „Wir werden wiedergeboren im Paradies."

„Die Wiedergeburt entspricht der Schöpfung. Die Erlösung ist keine Frage der Definition. Sie ist der Schlüssel zur Wahrheit. Bewahrt den Schöpfungsgedanken in eurem Glauben. Dann werden Christen und Moslems zu Hütern der Schöpfung und ihre Wahrheit wird dauern.

Der Geist des Universums wird euch begleiten."

„Sollen wir unseren Gott verleugnen?" fragten beide fassungslos.

Ihr sollt euren Gott nicht verleugnen, ihr sollt ihn erkennen. Aussöhnung verlangt Verstehen. Ohne die Mühsal, beide Glaubensrichtungen gelten zu lassen, werdet ihr den Schlüssel nicht finden.

„Dies widerspricht der Lehre Christi und Allahs. Christus wird sein Reich nicht für Moslems öffnen und Allah sein Paradies nicht für Christen."

„Jeder gehe in sein Reich, so werden beide bestehen bleiben. Vernichtet jedoch einer den anderen, stirbt auch die Schöpfung. So wird niemand erlöst. Überwindet ihr die Angst vor der drohenden Vernichtung durch den anderen, wird die Schöpfung wiedergeboren."

„So sollen wir beide uns die Hand reichen um erlöst zu werden?"

„So ihr das tut, befreit ihr die Menschen von der Geißel des Hasses. Welcher Gott gewährt dafür nicht Erlösung?"

Der Papst und der Ayatollah sahen sich an. Sie zögerten. Langsam erkannten sie, dass sie beide Menschen waren. Sie begannen zu staunen. Sie verbeugten sich vor dem Blauäugigen und machten sich gemeinsam auf den Weg, um die Weltreligionen vor dem Untergang zu bewahren.

Im Schatten der Basilika

Rot leuchten die Schotterpfade
zwischen den Grasgärten,
die hinausführen auf enge Gassen,
wo Kopfsteinpflaster im Nachhall singt
und sich mich sakralen Tönen durchmischt.

Im Schatten der Basilika
hoffen Besucher auf das von Liebe gedrängte Wort.
Die in den Kneipen Distanz bewahren,
sitzen hinter diskreten Fenstern.

Schließlich weitet der schmale Weg
den Blick auf den Markt in Sankt Johann,
wo der Brunnen Vergessenen Wasser spendet,
inmitten dem Stimmengewirr,
das von den Ständen herüberbricht.

Im täglichen Handel treiben Kopf oder Zahl
ihren Schabernack bis in spätere Stunden,
wenn der Platz von Kaufresten gereinigt
und auf sauber geputzte Menschen wartet.

Schaumgefüllt sind die Gläser,
die jene Gäste zum Mondlicht halten,
das still ihre Abgänge empfängt.

Berlin im August 2015

BERLIN ALEXANDERPLATZ

Die Zeit wird restauriert
Züge fahren in alle Richtungen
in der Luft thronen die Buchstaben
der Berliner Zeitung

eine Reisegruppe spricht hebräisch
fotografiert und schlendert
über den Alexanderplatz
im Sucher jüdisches Leben

in der Nikolaikirche
sind die Stimmen verstummt
der Cherub des Glaubens schwebt
auf den Engel der Treue zu
Maria hat das Kind verloren
das Volk hat sich selbst entlassen

der Rundgang ist gebührenpflichtig
zwischen den Grabsteinen berühmter
und weniger berühmter Zeitgenossen
betrachtet Paul Gerhard sein Werk

in der evangelischen Marienkirche
wurden vormals Ungläubige geköpft
katholische Christen
wurden zu Minderheiten

Berliner Lustgarten

Planierraupen sind unterwegs
Umwege mit historischen Bauplänen
verstellen den Ausblick
zum gegenüber liegenden Dom
den Spaziergang durch den Lustgarten
versperren Bauzäune

Menschen strömen durch das Gebäude
in der Predigtkirche herrscht Besichtigungsfieber
Huldigungen Schinkelscher Architektur
mit Kameras und Tablets

im Glasfenster schüttet der Kelch
seine Liebe in den Altarraum
die Heiliggeisttaube fliegt unermüdlich
über alle Köpfe hinweg

Verhüllte und Unverhüllte
knien in den Bänken
suchen erwartungsvoll
das Wort Gottes

die Trau- und Taufkirche
als ein Raum der Stille
ist wie ein offenes Geheimnis
Flüstern, Murmeln, Ansprachen

Gottesfürchtige suchen vergeblich nach Andacht
allein die Gebetskerzen auf massiven Eisenständern
brennen für die Himmelsgewissheit

Christi Geburt

Heilige Nacht

In dieser stillen Nacht die Engelschar
mit Flügeln ihre hellen Töne schwingen
ins Erdenreich, das im hohen Klingen
des himmlischen Gesangs dem Menschenpaar

im Stall da die Frau ein Kind gebar
Sternen fleht, zum Leuchten sich zu bringen
dass Funken auf die Seelen überspringen
voll hehrer Freude denn es wurde wahr

was einst Johannes uns verheißen hat
dass einer kommt aus einer andren Welt
dem er die Füße wäscht zu Boden fällt

was laut und mächtig scheint und satt
Maria ihn voll Ehrfurcht an sich schmiegt
das Heil der Welt in ihren Armen wiegt

WENN CHRISTROSEN BLÜHEN

Wenn Schneeflocken fallen
der Wind flüstert ganz leise
wundersame Weise,
klingt wie Glockenklang.

Hört himmlisches Schallen,
ein Kind soll uns geboren,
im Schnee blüht weiß, verloren,
Christrose ganz bang.

Wenn Christrosen erblühen
fällt draußen der Schnee,
funkeln alle Sterne,
Eis glitzert im See

Wenn Christrosen erblühen
steht Weihnacht bereit,
zünd an eine Kerze
für die heilige Zeit.

Sieh nur was im Stall liegt,
was Gott uns hat gebracht,
aus dem Schoß der Mutter
in heiliger Nacht.

Wenn Christrosen blühen
Spüre, Gott ist Klarheit,
er nur ist die Wahrheit
für die Ewigkeit.

DIE BOTSCHAFT

Es war als würden Engel stürzen
durch alle Zeiten in unsre Erdenwelt
den Leidensweg der Menschen zu verkürzen
denn Licht heller als Licht über dem weiten Feld

die Hirten sahen nachts bei ihren Schafen
sie standen auf und trieben ihre Herden
nach Bethlehem den Engelchor sie trafen
Gottes Sohn sollte geboren werden

doch alles was sie schließlich fanden
war eine Hütte mit einer Futterkrippe
in der Maria, Josef und die Tiere standen
das Kind lag im Stroh gebettet in der Wippe

und Ochs und Esel schnauften wie die Kühe
damit das Kind vor Kälte nicht erfror
der Morgenstern erhob sich aus der Frühe
der Himmel läutete den Glockenchor

der Knabe streckte spielerisch die Hände
verwob der Mutter langes Schulterhaar
als ab die Schöpfung noch einmal erstände
wurd' es den Hirten und der Welt gewahr:

hier lag ein König ohne Kron' im Stroh
und sah die Mutter die ihm auserkoren
hoch über ihnen flammte heil'ge Loh
der Menschen Heil im Stall war neugeboren

CHRISTNACHT

Die Kerze seh ich leuchten
inmitten dunkler Nacht,
wärmt Hände uns, die feuchten,
hat Lichtschein uns gebracht.

Sag an, was strahlen Kerzen
so hell und wunderbar,
dass freuen sich die Herzen
an ihrem Schein, fürwahr.

Es ist doch Christnacht heute,
die heilig, stille Nacht,
erwacht ist ewge Freude,
Erlösung ist gebracht.

So lasst uns niederknien,
lasst beten uns zu Gott,
Christus ist uns erschienen
in unsrer Erdennot.

OH KÄM ZU UNS NOCH EINMAL EINER
der seinen Himmel senkt
für unsre Welt voll Bitternis

oh käm zu uns noch einmal einer
der seine Güte lenkt
in diese Welt voll Finsternis

ach hell erstrahlten alle Sterne
im Hof des Sterns der einen Nacht
und über uns glühte von ferne
das Gotteslicht zur ew'gen Wacht

doch welcher Raum wär ihm bereitet
welch Krippenplatz für ihn bestimmt
ihn der die Not in Freude leitet
der uns die Angst zu leben nimmt

oh Christ gedenke deines Höchsten
der dich befreite aus der Nacht
der dir den Engel schickt als Nächsten
auf deinem Weg zur ew'gen Pracht

DAS KIND

wo bist du
kind der erlösung
in welchem krieg

wirst du heute geboren
spricht vater dir gewalt

wo bist du
kind der erlösung
in welchem land
wirst du heute geboren
spricht vater dir freiheit

wo bist du
kind der erlösung
in welcher familie
wirst du heute geboren
sagen eltern dir trennung

wo bist du
kind der erlösung
in welchem leib
wirst du heute geboren
spricht mutter dir verweigerung

wo bist du
kind der erlösung

DER STERN VON BETHLEHEM

Er hörte zu, wo andere weghörten.
Er sah hin, wo andere wegschauten.
Er ergriff das Wort, wo andere schwiegen.

Er berührte Menschen, wo anderen schauderte.
Er reichte die Hand, wo andere Gräben zogen.
Er umarmte den Feind, wo andere töteten.

Kein Mensch hat ihn je wiedergesehen.
Kein Mensch ihn je wieder gehört.

Nur manchmal,
wenn jemand sich selbst vergisst
und alles hergibt,
was ihm etwas bedeutet hat,
glüht am Himmel
der Stern von Bethlehem.

VIENI GÉSU, RESTE PER NOI

Nicht die Gebirgsregion ist das Besondere, der historische Hintergrund, das internationale Flair, das Kaiser Franz Josef und Kaiserin Elisabeth von Österreich hinterlassen haben, auch nicht die fünfzehnhundert Höhenmeter des Trentiner Städtchens, selbst der Pelzmantel nicht, der fast überwiegend getragen wird, sowohl von eleganten als auch weniger eleganten Signoras und Signorinas, hier mitten im Naturpark Adamello Brenta, wo der Braunbär noch zu Hause ist, weht der eigentümliche Atem der Madonna, der Urlaubsort, der auch ihren Namen trägt: Madonna di Campiglio.

Eine kleine Gemeinde versammelt sich in der neuen, am antiken Bau angelehnten Kirche, an diesem Platz, an dem einst Joseph Österreicher residierte. Gemessen an der Zahl der Touristen, zuweilen zählt man an die vierzigtausend Gäste, ist der christliche Kreis, der sich regelmäßig zur Liturgie trifft, verschwindend gering. Etwa fünfhundert Plätze bietet der Neubau.

Der Stil erinnert eher an einen Saalbau, konisch auf den Altar hin zulaufend, dessen linke Hinterwand ein großes Gemälde des Kreuzweges ziert. Bis zur Decke hin spitzt sich rechts daneben ein viereckiges, etwa achtzig Zentimeter breites Gemäuer zu, das in einem imposanten, vielfarbigem Stern die Monstranz birgt.

Signore Gésu ist hier und man spürt mit dem Betreten dieser Stätte eine spirituelle Ruhe, den heiligen Geist. Er überträgt sich auf die Gottesdienstbesucher und schafft unmittelbare Nähe. Die katholische Kirche ist universal, was Fremden erlaubt, an Gesängen und Gebeten teilzuhaben, auch wenn man die italienische Sprache nicht beherrscht. Ritus und Liturgie verbinden Gottesgläubige aus aller Welt.

Anders als in deutschen Messen werden sie auch direkt in deren Zelebrieren miteinbezogen. Der schon ältere Padre geht vor Beginn behutsam auf die ersten Reihen zu, spricht einige von ihnen an und findet immer genug Personen für die Lesungen und Fürbitten. Selbst das Austeilen der Kommunion wird einem Laien mit anvertraut. Die notwendigen kirchlichen Weihungen verleiht ein ihnen umgehängtes Kreuz.

In der Predigt verkündigt der Padre am Neujahrstag 2003 die Worte des Papstes Johannes Paul II. zum Weltfriedenstag Außerhalb des Kirchengebäudes hängen in den umliegenden Ortschaften verstreut einige bunte Flaggen mit dem Aufdruck „Pace".

Nach dem Opfergang bittet der Padre vier Kinder zu sich, fragt am Altar nach ihren Namen und stellt sie der Gemeinde vor. Während des „Vater Unser" halten sie sich an den Händen und bilden eine Gebeteskette. Danach wünschen sich die Gottesdienstbesucher gegenseitig „Pace".

Der Padre löst sich von den Kindern und geht auf die Gläubigen zu, um einigen die Hand zu reichen. So werden im Handumdrehen aus Besuchern Mitgestalter ohne vorherige Proben. Denn Messdiener gibt es keine. Gerade mal ein Dutzend Kinder empfingen 2002 die erste heilige Kommunion. Ihre Bilder sind am Eingang ausgehängt.

Wenn am Ende der Messe das Gottesvolk „vieni Gésu, reste per noi" singt, liegt der Segen Christi auf allen, die zu ihm gebetet haben. Spirituell bereichert verlassen sie die Kirche mit jenem heiligen Hauch, den einst die Madonna verströmte.

Altenglische Christmas Carols in deutscher Fassung

Deutscher Text zur Melodie „Hark! The herald angels sing"
Musik: Felix Mendelssohn Bartholdy Originaltext: Charles Weley 1739

HÖRT DES BOTENENGELS TON

Hört des Botenengels Ton:
Preist den neugebor'nen Sohn!
Fried auf Erd', voll Gnad befreit.
Gott die Sünden uns verzeiht.

Freudvoll alle Völker weist,
Sieg des Himmels uns umkreist.
Engel künd'gen uns von dem
Christ gebor'n in Bethlehem.
Hört des Botenengels Ton:
Preist den neugebornen Sohn!

Christus wirft das Himmelslot,
Christus, allerhöchster Gott.
Aus der Zeit er zu uns kommt,
Retter, der uns alle frommt.

Herr, der Mensch geworden ist,
Heil dem neu gebor'nen Christ.
sein Kreuz macht das Leben hell,
Jesus, der Emanuel.
Hört des Botenengels Ton:
Preist den neugebornen Sohn!

Heil des Himmels Friedefürst
Heil Gerechtigkeit uns dürst!
Licht und Leben er uns bringt,
Heilung wenn sein Flügel schwingt.

Er leiht uns den Glorienschein,
kein Mensch stirbt mehr, er wird sein!
Für die Menschen er gebor'n,
schenkt im Tod den Lebenssporn.
Hört des Botenengels Ton:
Preist den neu gebor'nen Sohn!

Deutscher Text zur Melodie „Amazing Grace"
Musik: 18. Jhd., James P. Carrell und David S. Clayton zugeschrieben.

EIN NEUER STERN

Erwacht ist uns ein neuer Stern,
bringt Frieden uns und Heil,
dass alle Menschen glücklich sind,
sich freu'n in nah und fern.

Ihr Menschen seid nun frohgestimmt,
ein jeder auf der Welt.
Der findet, der den Höchsten sucht,
er, der die Angst uns nimmt,

So lasst uns danken Dir, oh Herr,
der Stern wird nie vergehn,
für Deine Liebe in der Not,
bis wir uns wiedersehn.

✳

Deutscher Text zur Melodie "What child is this"
Musik: William Chatterton Dix "Greensleeves" 1865

WEM IST DAS KIND

Wem ist das Kind, wo schläft es wohl?
Im Leib Marias will's schlafen.
Die Engel grüßen mit süßem Ton,
in seine Zeit sie eintrafen.

Dies, dies ist Christus König.
Ihm wacht die Garde, der Engelchor.
Preist, preist und singt ihm laut, ´

dem Kind, dem Sohn Marias.
Es liegt im Stall so kalt und arm,
wo Ochs und Esel lärmen.
Der Christen Heil, der Seelen Trost,
die stillen Worte wärmen.

Geht, seht des Sternes Strahl,
er fällt auf dich und mich herab.
Heil, Heil, das Wort ward Fleisch,
das Kind, der Sohn Marias.

So bringt ihm Silber, Gold und Myrrhe,
kommt her an Gottes Lohn denkt.
Den König aller Kön'ge preist,
ein liebendes Herz den Thron schenkt.

Ehr, Ehre, Gott in der Höhe,
die Mutter singt und wiegt ihr Kind.
Freut euch ist der Christ gebor'n,
das Kind der Sohn Marias.

Deutscher Text zur Melodie „Cantique de Noël - Minuit chrétiens"
Musik: Adolphe Charles Adam, 1844 Text: Placide Cappeau de Roquemaure, 1847

OH HEILIGE NACHT

Heilige Nacht, die Sterne festlich scheinen
in der Nacht, als der Heiland gebor'n.
Lange die Welt in Sünde lag und Weinen.
Als Gott erschien war die Seele erfüllt.
Ein Hoffnungsschimmer die dunkle Welt erfreute,
im Glorienglanz ein neuer Morgen hellt.
Fall auf die Knie, oh hör der Engel Stimmen.

Oh göttliche Nacht, in der Christus gebor'n,
oh göttliche Nacht, oh göttliche Nacht.

Lass durch das Licht des Glaubens dich hinführen,
mit heißem Herz wir an seiner Wiege stehn.
So geh mit dem Licht durch gold'ne Sternentüren
Und fromme Waisen kamen ihn zu sehn.
Der Kön'ge König lag in einer Krippe,
für unser Wohl gebor'n, ein Freund zu sein.

Er kennt das Leid, er wacht über Gefahren.
Sieh auf deinen Gott, hat sich erniedrigt für dich.
Oh göttliche Nacht, oh göttliche Nacht.

Wahrlich er kam den Nächsten zu lieben.
Sein Reich ist Liebe, der Welt Friedensfürst.
Er brach die Scham, dem Bruder zu dienen.
In seinem Namen Gewalt ganz zerbirst
Lobsinget ihm und preist ihn alle Chöre.
In seinem Geist den heil'gen Namen ruft.

Christus der Herr, oh preiset den Namen.
Die Macht, sein Glanz immer wieder erstrahlt.
Oh göttliche Nacht, oh göttliche Nacht.

Tag voller Freude die Ewigkeit uns spendet,
er kam zu uns, sein Lichterkranz uns umscheint.
Dass jeder Ton die Schande überblendet.
Die Macht und Kraft alle Völker vereint.
Ein Glitzerschein in unsren Herzen leuchtet
für allezeit, das ew'ge Leben naht.

Fall auf die Knie, voll Freude heb die Stimme.
Oh göttliche Nacht, oh Nacht in der Christus gebor'n.
Oh göttliche Nacht, oh göttliche Nacht.

Deutscher Text zur Melodie „O Little Town of Bethlehem"
Melodie: Volksweise Text: Philipps Brooks 1868

O KLEINES STÄDTCHEN BETHLEHEM

Im kleinen Städtchen Bethlehem
ein Paar die Herberg fand,
finster in tiefem Schlaf vergeht
das stille Sternenland.
Doch in den dunklen Straßen
scheint auf das ew'ge Licht.
Die Hoffnung aller Jahre wacht,
sich löst, im Licht anbricht.

Mirjam gebar das Christuskind,
das Heil zur Welt gebracht.
Die Engelschar verkündete
das Wunder dieser Nacht.
Und alle Morgensterne
strahlten in heil'ger Freud,
preist Gott, den König und lobsingt
den Menschen Frieden heut.

In aller Stille ohne Laut
dies Wunder uns geschenkt.
Gott kommt zu dir ins Herz hinein,
den Blick zum Himmel lenkt.
Er kam uns zu erretten,
in Sünde lag die Welt.
Wo Seelen sich ihm öffnen weit,
tritt ein in Gottes Zelt.

Die Kinder rein und glücklich sind,
beten zum heil'gen Kind.
Wo Elend schreit, der Mutter Sohn
ist dafür niemals blind.
Er wacht mit aller Liebe
und öffnet jede Tür;

in dunkler Nacht im Glorienschein
das Christkind kam herfür.
Das heil'ge Kind von Bethlehem
segnet unser Gebet,
in uns gebor'n, die Sünde stirbt
damit ihr aufersteht.
Die Weihnachtsengel singen,
die Glocken klingen hell:
oh komm zu uns, Herr Jesus Christ,
oh komm Emmanuel.

✷

Deutscher Text zur Melodie „God rest ye merry gentlemen"
Musik: Volksweise 18. Jahrhundert Text: Verfasser unbekannt

GOTT SCHENKT EUCH FREUDE ALLEZEIT

Gott schenkt euch Freude allezeit,
lässt keinen ungetröst';
denn Jesus Christus ward geborn,
der Retter uns erlöst.
Zu schützen uns vor Satans Macht,
wenn Böses er einflösst.
Oh hört diese Botschaft voll Freud,
Trost und Freud.
Oh hört diese Botschaft voll Freud.

Gott, Vater, himmlischer Regent,
dein sel'ger Engel kam
zu jenen Hirten auf dem Feld,
die Botschaft man vernahm,
dass dort in Bethlehem gebor'n
daselbst Gott ohne Scham.

Oh hört diese Botschaft voll Freud,
Trost und Freud.
Oh hört diese Botschaft voll Freud.
Den Hirten hat die frohe Kund
das Herz erfüllt mit Freud.
Sie trotzten Nebel, Wind und Sturm,
sie haben nichts gescheut.
Sie wendeten nach Bethlehem,
suchten das heil'ge Kind.
Oh hört diese Botschaft voll Freud,
Trost und Freud.
Oh hört diese Botschaft voll Freud.

Sie gingen hin nach Bethlehem,
dort wo das Kindchen lag,
fanden die Krippe mitten im
Esels- und Ochsverschlag.
Maria, seine Mutter kniet
und betete ohn' Klag.
Oh hört diese Botschaft voll Freud,
Trost und Freud.
Oh hört diese Botschaft voll Freud.

Nun singt dem Herrn und preiset ihn,
die ihr versammelt seid,
mit wahrer Liebe, brüderlich,
umarmt euch, denn ihr teilt
die frohe Botschaft: Weihnacht ist's,
vergessen ist das Leid.
Oh hört diese Botschaft voll Freud,
Trost und Freud.
Oh hört diese Botschaft voll Freud.

Deutscher Text zur Melodie „Joy to the world"
Musik: Lowell Mason 1836 Text: Isaac Watts 1719

FREUDE DER WELT

Freude der Welt, Gott zu uns kommt!
den König sie empfing
bereite Raum und Herz ihm prompt
Himmel und Erdkreis sing,
Himmel und Erdkreis sing,
und Himmel und Himmel und Erdkreis sing.

Freude der Erd, Heilands Choral,
oh Völker preist ihn all
In Feld und Flut, Fels, Berg und Tal
erklingt der Freudenschall,
erklingt der Freudenschall,
erklingt, erklingt der Freudenschall.

Sünde und Sorgen fielen ab,
kein Dorn Erdreich befällt,
er kam, uns seinen Segen gab
von Unheil frei die Welt,
von Unheil frei die Welt,
von Unheil, von Unheil frei die Welt.

Herrscher der Welt mit Recht und Gnad,
erkennt alle Nation,
ein Glorienschein die Ruhmestat,
der Liebe heilger Lohn,
der Liebe heilger Lohn,
der Liebe, der Liebe heilger Lohn

Deutscher Text zur Melodie: „The First Noel"
Musik: aus Cornwall, 16. – 17. Jhd., Originaltext: Verfasser unbekannt

DAS ERSTE WEIHNACHTSFEST

Das Weihnachtsfest, der Engel spricht,
brachte zuerst den Hirten das Licht.
Sie lagen allein bei den Schafen im Feld,
oh wie kalt Winters Nacht, oh wie dunkel die Welt.

Jubel, Jubel, Jubel, Jubel,
preiset den König von Israel

Sie sahen das Licht, einen leuchtenden Stern,
schien hoch im Osten am Himmel so fern
und die Erde erstrahlte so leuchtend, so hell,
tagein, tagaus, eine Lichterquell'.

Jubel, Jubel, Jubel, Jubel,
preiset den König von Israel

Des Sternes Licht, sein weiter Schein,
fiel bei drei Weisen im fernen Land ein.
Sie brachen auf, um den König zu sehn.
Wo auch immer der Stern, dorthin wollten sie gehn.

Jubel, Jubel, Jubel, Jubel,
preiset den König von Israel

Der Stern zog nach Nordwesten ins Land
bis er schließlich über Bethlehem stand.
Da hielt er an und zog nicht mehr fort,
stand hoch über'm Stall, denn Jesus lag dort.

Jubel, Jubel, Jubel, Jubel,
preiset den König von Israel

Sie traten ein, ergriffen wie nie
und fielen voll Ehrfurcht auf die Knie.
Sie opferten Weihrauch, Myrrhe und Gold.
Das Kind lag im Stroh und lächelte hold.
Weihnacht, Weihnacht, Jubel, Jubel,
geboren der König von Israel

Lobsinget dem Herrn, seinem himmlischen Sohn,
lasst preisen und jubeln uns Gott zum Lohn.
Aus dem Nichts er Himmel und Erde schuf,
mit Blut uns erlöst, wir folgen dem Ruf.

Jubel, Jubel, Jubel, Jubel,
preiset den König von Israel

✻

Deutscher Text zur Melodie "Auld Lang Syne", schottisch, englisch wörtlich old long since, 18. Jhd.

EIN STERN LEUCHTET IN DUNKELHEIT

Ein Stern leuchtet in Dunkelheit,
weist einen Weg zu dir.
Er leuchtet bis in Ewigkeit,
bis an die Himmelstür.

Von Herz zu Herz die Freude siegt,
es strahlt ein heller Schein,
das Jesuskind im Stall dort liegt,
lädt uns zum Leben ein.
Sein Licht erzählt von einer Nacht,
geboren ward der Christ,
der Herr der Herrlichkeit uns wacht,

der nicht mit Sünden misst,
Von Herz zu Herz die Freude siegt,
es strahlt ein heller Schein,
das Jesuskind im Stall dort liegt,
lädt uns zum Leben ein.

Ein Gott, der Erd und Himmel schuf,
erlöste uns're Welt,
vom Himmel hallt der Engelsruf
den Hirten auf dem Feld.

Von Herz zu Herz die Freude siegt,
es strahlt ein heller Schein,
das Jesuskind im Stall dort liegt,
lädt uns zum Leben ein.
So lasst uns alle weitergehn,
nach Bethlehem uns ziehn,
das Christuskind uns anzusehn,
uns vor ihm niederknien.

Von Herz zu Herz die Freude siegt,
es strahlt ein heller Schein,
das Jesuskind im Stall dort liegt,
lädt uns zum Leben ein.

Traditionelle Kirchenlieder in moselfränkischer Fassung

Vom Himmel hoch da komm ich her
Musik und Originaltext: Martin Luther 1535

Vom Himmel hoch dò kumm eich hea

Vom Himmel hoch dò kumm eich hea,
vazeelen auch än naue Mäa,
von dea nau Mäa wääs eich so vill,
dass eich än Littchin singen will.

Auch is än Kindchin haut geboa,
än jung Fraau woa dò auserkoa.
Dat Kindchin is so zaat un dinn,
än riesisch Frääd soll auch dat sinn.

It is da Herrgott, uusa Chrischt,
ea will nit dat in Not dau bischt,
ea will gea uusa Häland sinn,
dat mia frei von all Sinden ginn.

Es ist ein Ros entsprungen
Kirchenlied 16. Jhd. Originaltext: Michael Praetorius 1609

ÄN REESCHEN DAT GEWAAS WOA

Än Reeschen dat gewaas woa
aus äna Wurzel nua
vazeelen uus die Alten
aus Jessa kämt de Spua
un hat än Blimchin braat
mitten im kalten Winta
zua ongefongnen Naat.

Vom Reeschen datt eich männen
Jesaja hat gesaat,
nua ännet konn ea nennen,
it woa Marii, sei Maat.
Gott hat et ingelaad.
Et hat geboa än Kindchin
zua ongebrochnen Naat.

Ave Maria zart
Musik und Originaltext: Johann Georg Franz Braun, 1675

AVE MARIA ZAAT

Ave Maria zaat, bau bischt än Rosenart,
lilienweiß, gónz ohne Schaden.
Eich grejßen deich zua Stund met Gabrieles Mund:
Ave dau bischt so volla Gnaden,

Dem Hekschten seinen Bou, Maria hascht in Rou
getra im keuschen Schoß, dem reinen.
Da Hälónd, Jesus Chrischt, dea usa Retta is,
will us trotz aller Sind vereinen.

Nóó usam Sindenfall vastoß mia woaren all,
valoa uf ewisch mia sin sollten.
Dó hascht dau reine Maat, wie dia vorhea gesaat,
dem Gott sein Bou geboa, den Holden.

Deswejen Maria, befehl dem Kind us, saa,
it soll vazeien us dat Schlechte.
Endlich nó all dem Lääd de ewisch Himmelsfrääd
gewähren us, Gott der Gerechte

Stille Nacht, heilige Nacht
Musik: Franz Xaver Gruber 1818, Österreich, Salzburg
Originaltext: Joseph Mohr

STILLE NAAT, HÄÄLISCH NAAT

Stille Naat, häälisch Naat,
alles schlòòft, ääna waat,
nua it häälisch Paar dò woa
lout nòm Bou met dem lockisch Hoa
schlòòft in himmlischa Rou
schlòòft in himmlischa Rou

Stille Naat, häälisch Naat,
lacht da Bou Gottes Gnaad
léiw met seinem gettlichen Mund
dò uus schlaat die rettende Stund
Chrischt in deina Gebuat
Chrischt in deina Gebuat

Stille Naat, häälisch Naat,
Hirten hanns uus gesaat
Engel singen Hallelujah lò
teent it laut von weit und von nò
Chrischt da Retta is dò
Chrischt da Retta is dò

Tauet, Himmel, den Gerechten!
Melodie: Norbert Hauner, Österreich 1777, Bearb. Michael Haydn
1790 Originaltext: Michael Denis 1774

HIMMEL TAU UF DEN GERECHTEN!

„Himmel tau uf den Gerechten! Wolken uf uus reenen ihn",
hat it Volk gerouf in Nächten, denn Gott hat it so voagesiin,
selwa louen Gott im Himmel, una hälischen Gebimmel,
:I zougesperrt foa us dat Doa, bis da Hälònd stett davoa. I:

Volla Mitlääd hat dat Flehen Gott gehaet uf seinem Thron.
All die Leit soll'n jetzt ingehen, gehält gin durch Gottes Sohn.
Schickt de Engel zu us runna, soll vazeelen von em Wunna.
:I Lou, eich bin em Herrn sein Maat, it passiat wie ea gesaat."I:

Fruchtbar is sein Wort dó woa gin in Maria fromm un rein.
Himmelsdiiren jetzt dó uf sin, Gott will us als Brouda frein.
Tante Lisbeth hat voll Frääd grad gratuliat, die volla Gnad.
:I Woa in Umstänn, selwa froh, mem Johannes, aach dea freit sich so. I:

Ostern

KARWOCHE

Der Wind singt grüne Melodien
Narzissen schlafen im Schnee
Osterglocken läuten

wir streuen Blumen aus
fächern mit Palmwedeln
durch Straßen

Am Kalvarienberg
wacht Maria

Frauen flüchten
in ihren Mantel

Gewitter fiebert

DER RUF

Der Schnee verging im April
sickerte wortlos
von den Felsen

ein Steinbock leckte Schiefer blank
Gebirgsaltäre für das verspätete Opferlamm

Keiner wird sagen
er sei berufen worden
seinen Sohn zu opfern

Schlächter geben sich vorher
nicht zu erkennen

im Garten Gethsemane
schlafen die Hunde
auf Silber

und doch rief ein Sohn
nach seinem Vater

TODESSTUNDE

Stille
im Gebirge

Tod stahl alle Töne
Glocken flogen vorbei

Bergziegen
stehen auf Felsspitzen

Küchenschellen
geben keinen Laut

Zugwind reißt
am Gebüsch

ein Ast fällt
von Felsstufe zu Felsstufe
trommelt die Zeit
ins Land

Uhrwerk des Untergangs
dessen Stundenschlag
im Tal abbricht

es starb die Stunde
des Todes
da Er gestorben

Friedhofskapelle am Friedhof
der Dekanatskirche Brixen im Thale (A)

PÜTTLINGER DOM

Wedel aus Buchsbaumzweigen
trägt die Palmprozession an den Altar
vom Hügel stäubt das Gelb der Blütensterne
Wogen voller Süße ins Tal hinab
legt einen Duftschleier über die Stadt
die alles aufsaugt wie ein ausgetrockneter Schwamm

an den Türmen des Doms herrscht
laute Geschäftigkeit Tauben fliegen ins Gestühl

in der Osternacht stille Grabesandacht
bis das Taubenpaar frühmorgens
das Gurren anschlägt sich friedvoll
aneinanderschmiegt und sich erhebt
in den Lichtstrahl der von den Türmen
ins Innere der Kirche bricht

WEIßER SONNTAG

Blütenpollen fliegen
spannen Duftbrücken
von einem Hügel zum anderen
wer wirft sich Blicke zu
wenn Kirchturmglocken rufen
die Hügel zu wechseln

Kinder tragen weiße Kerzen
in die Herz Jesu Kirche
Orgelklänge verbreiten sich
Weihrauch und Chorgesang

über dem stillen Geläut der Osterglocken
flattern Zitronenfalter wie Standarten
vor den Portalen alter Kathedralen

REQUIEM

Wenn ich in der Erde liege
ergeben ruft mein Herz nach Dir,
Wenn ich heimkehre zu Dir
beginnt der Staub den Leib zu wiegen.

Alles ich vergessen werde.
Was immer auch im Glanz der Welt,
löst sich auf, zu Staub zerfällt.
Ich gehe ein in Deine Herde.

Alles Bangen, alles Zagen
verstummt im Anblick Deines Lichts.
Hör die Stimme des Gerichts,
der höchste Rat beginnt zu tagen.

Sei mir gnädig, sei mir milde,
erflehe Nachsicht, nimm mich auf.
Ach, so lang wart' ich darauf,
erlöst in himmlischem Gefilde.

Gott, Du Heiland, Du mein Leben,
vergib mir Fehlen, meine Schwäche.
Tod die Seele nicht zerbreche,
die Auferstehung naht, Dein Segen.

Wenn ich in der Erde liege
ergeben ruft mein Herz nach Dir.
Sollt ich heimkehren zu Dir,
dann wird Dein Himmel in mir siegen.

STAUBKORN

Lass mich im Moos, im Moos der Wiese ruhn,
in Deiner Schöpfung wildem Garten,
lass mich hier nicht länger warten.

Lass mich im Grund, im Grund zu Staub zerfallen,
dass fruchtbar wird das Samenkorn
und reifen kann zum Lebenssporn.

Lass mich zu Dir, zu Dir in Deine Nähe,
Du Allerhöchster am Altar,
mich Dir hingeben ganz und gar.

Lass mich im Moos, im Moos der Wiese ruhn
und nimm mich auf in Deinen Garten,
erlöse mich im Offenbarten.

Lass mich in Deiner Liebe sein.

Zum Bild „Consummatum est Jerusalem"
von Jean-Léon Gérôme, gemalt 1867

GETSEMANI

Von anderswoher
kommt Dein Licht
aus der Schattenexistenz
meiner letzten Verlassenheit

Du lässt es leuchten
in mir bis zur Erschütterung
bis ich geborgen bin
in der Einsamkeit des Gekreuzigten
bis ich im Nichts
meine Heilwerdung erkenne

Frau Christin

Es werden lodern die Schmerzen
der Verbrannten

es werden stechen die Messer
der Schlächter

es werden schreien die Seelen
der Verhöhnten

daselbst Gott den selbsternannten Unfehlbaren
die Messe lesen wird

Erzengel Michael
Fürst der himmlischen Heerscharen
wägt ihre Seelen:

Domine Jesu Christe, Rex gloriae,
libera animas omnium fidelium defunctorum
de poenis inferni, et de profundo lacu.

IN PARADISUM DEDUCANT TE ANGELI

Die Welt ohne Himmelsgewissheit dreht sich
wie die Welt mit Himmelsgewissheit

Galileo suchte den Himmel ab
fand Jupiters Monde und Sonnenflecken

wir formen die Welt aus Plastik
ein Paradies der Zahlbarkeit

ein machbares Paradies
ein gestaltbares Paradies
ein überdauerndes Paradies

es wächst wächst wächst
in alle Himmelsrichtungen
und zerschellt am Leben

nichts was du je hattest
wird dir bleiben da drüben

Chorus angelorum te suscipiat,
et cum Lazaro, quondam paupere,
æternam habeas requiem.

AUFERSTEHN

drapiere den morgen
in heiliges blau
stufe zu stufe
ein himmelreich

erklimme atemlos
erste sprossen
verletze mich
am gradlinigen schnitt
der fugen

leugne den schmerz
der die hoffnung nimmt
aufzuerstehn
nach dem täglichen fall

suche das licht
es hinauszutragen
aus der verstrickung
es hinüberzuretten
in den garten
wo der erntet
der nicht sät

VERDINGT

das schwarze niemandsland
entlässt die träume blind

es dingt zurück
den staubstoff
stein zu stein

die spur im gras
verwurzelt sich aufs neu
trägt keime auf
ans licht
nackt und scheu
zu sein

STEINKREUZ

die schatten im steinkreuz
find ich den niedergang
des zeittakts
versuch und irrtum
die lichtbögen
ins gedunkel zu ziehn
neig mich der erde zu
spür ihren geschmack
hör ihren ruf
den kreis zu erneuern
das ewige licht

WEGEZOLL

zeit greift ins rad
bricht speichen
wegezoll entrichten
für das diesseits

die zuflucht
im jenseits
hof im frieden

nichts im gepäck
nicht einen namen
lässt das räderwerk
zurück

ABGANG

zu gehen
hinter sich zu lassen
sehnsucht vergebens

nirgendwo
registriert zu sein
kein anspruch
aufs existenzminimum
ohne stimmzettel
die neuwahl
und der abgang
unbemerkt

Pfingsten

LICHT VOM LICHT

Suche im Licht
das Züngeln der Strahlen
lass dich behellen
sieh nicht mehr herab

gib deine Seele
in all dieses Leuchten
es überstrahlt
alles Weh alle Klag

strahlt deine Seele
auf andere Seelen
leuchtet das Licht
in allen fort

du bist der Leuchter
den er entzündet
trage die Kerze
an jeglichen Ort

DIE BOTSCHAFT AUS LICHT
fiel vom Himmel mir herab
Lichtblumen blühen

LICHT VOM LICHT BIST DU
Staub aus Staub seines Willens
Er leuchtet in dir

MIR INS HERZ DU SPRICHST
alle Frühlinge blühen
wenn Liebe erwacht

LASS MICH ATMEN HERR
vor dem großen Wandelgang
Kraft schöpfen für dich

KOMM ZU MIR HERAB
Dunkelheit blendete mich
Nur du kannst lichtern

UND REDETE MIT ZUNGEN

Ich pilgere im dünnen Gras
das weite Wege gehbar macht
vom Lichtern bin ich aufgewacht
die Finsternis ich ganz vergaß

Es hellte aus den Höhen mir
ein weißes Tuch mit roter Schrift
Wenn dich die Botschaft Gottes trifft
redet er klar und laut zu dir

Der Pilgerweg dich weiterführt
schau nicht zurück denn er ist hier
Du bist sein Bote sein Kurier
du bist von seinen Geist berührt

Ich pilgere im grünen Gras
in weiten Wegen hin zum Licht
Dass mir sein Geist fortan gebricht
verschüttet er sein Liebesmaß

Ach Jehova

Wo in feinen zarten Tropfen
die Nässe mich erweckt
weht der Hauch der Dämmerung
Auf ihrer Fährte finde ich
Weihrauch und Myrrhe
im brennenden Dornbusch

Was schreibst Du mir an, Hüter der Welt
einer Blinden im Wüstenstaub
nie kann ich Deinem Ruf gerecht werden
zu sehr wächst mir die Haut
über dies Leben der Fragen

Entlasse Deine Gläubige
die sich verirrte
in den unzähligen Straßen
Deiner Kalender

Shin

Wo bleibst du
Seele
die in mir selbst ist
und du
Seele
in der ich selbst bin

Kein Feuer
verbrannte je deinen Stern

Wo du bist
ist sonst keiner

Wo wir sind
bindet uns Einer

Pfingsten

Ich spür den Hauch in meine Seele fließen,
den Du verströmst, mit dem Du jeden bannst,
den Du erwählst, mit dem Du fesseln kannst.
Dein Wort, Dein Geist sich über mir ergießen.

In dieser Welt die Zweifel mich entließen,
die Kraft des Glaubens in mir eingepflanzt
in meine Seel, in der dein Himmel tanzt,
dein Engelheer will meinen Weg beschließen.

Voll Ehrfurcht will ich folgen deiner Weisung,
die Du gesandt und lege Zeugnis ab:
das Leben stieg empor aus einem Grab.

Erlösung schenkst du deinem Volk als Speisung.
Das Kreuz, das Du für alle hast getragen,
der Liebe Spur, wird in die Herzen ragen.

Sefirot

Lichtfunke
die Windwurzel
ausgesandt vom Ursprung der Quelle

spinnt mich ein
in Sein Geweb

schickt mir Serafin
der mir den Weg brennt

Ich bin Werkzeug
der Mutter der Welt

Heimatlos

Wen bringt Er zu Israel
wo die Tore verschlossen sind
wo kein Fenster den Lichtspalt lässt

Weshalb spendet Er Wasser
denen, die Fremde sind
in seinem Haus

Gefäß bin ich
für das Wasser aller Meere
wandernd
im Kosmos Seiner Schöpfung

im Exil der Worte
haucht Er mir ein
Kawana
himmlischer Gesang
auf dem Weg
nach Haus

Auf dem Weg zu dir

hingeweht der Körperstaub
Straßen tönernen Granits

Steine wie Augen
die in Jahrtausende sehen

Geröll der Schlachtenfelder
Sumpfgebiete

der da greift
nach meinen Herz

ist unerbittlicher als Feuer

Hinwendung zum Du
In memoriam Martin Buber

1
Aufruf

Wenn Einer dir winkt
ohne das Widderhorn zu blasen
kannst du das Hören
nicht mehr beschädigen

unbarmherzige Gnade
wenn der Stolz des Wählenden
dich trifft

Wie tief sind
die Wunden des Ungewussten

Bleich ist die Braut
deren Blutwurzel
aus dem Stamm der Jagenden
entwuchs

die Er in neuen Sand verpflanzte
dieser Himmel aus Weissagung und Segen
Cherub hat die Lanze gesetzt
und das Tor geschlossen

2
Sternstunde

Wo Du bist
versinken Zweifel
Schutzblende Dein Licht

Leben webst Du ins tot Gewordene
und das All Deiner Hoffnung

nie aufhört das Werden
in der Galaxis verborgenem Du

3
Geburtszeit

In meinem Herz
steht das Gewölb Abrahams
aufrecht als Pumpe

ständig angereichert mein Blut
mit dem Sauerstoff
der Genesis

sie reißt mir
die Schatten von Augen
die nicht sehen konnten

ich blute unaufhörlich
zwischen den Felsen
entspringt die Mikwe

und Er
zeigt mir das Büßergewand

4
Bittgesuch

Oh Einer
trinke mich nicht aus
gewähre mir ein paar Sekunden
Vergangenheit

ich lasse
zurück
was ich nicht
zurück lassen will

ich finde
was ich nicht
zu wissen gewagt

ich liebe
was vor Liebe sich verbirgt

ich wandere
auf geheimnisvollem Weg

sternbeflockt
mit jedem Schritt versinkt
die Rückkehr

5
Wegzeichen

meine Augen
von Meerblumen benetzt
meine Feder
von unsichtbarer Hand geführt

ich zittre in Deiner Macht
und bin doch hier wirklich

kann ich mich
finden in Dir

wenn Dein Leitstrahl
unfassbar

wenn die Kreuzung
keinen Rückweg hinterlässt

Psalmenschilder
cherubinische Gesänge

an goldenen Fäden
hängen meine Flügel

6
Heimsuchung

Du teilst
Deinen Segen aus
großzügig

kann ich
bestehen vor Deiner Güte
wo doch mein Herz
immer wieder nicht schlägt

Nichts treibt mich weiter
als Dein Ruf

In der Stärke Deiner Hitze
schmilzt Metall
Verließe
Kerker
Haft

Du suchst mich heim

Himmlische Heerscharen

GESCHÖPFE DES LICHTS

I
Ihr seid
die schönsten
die reinsten Geschöpfe

ihr seid flüchtiges Licht
hinscheinend
in den Ebenen der Nacht

ihr seid
nichts als Lächeln
über des Lebens Wagnis
des Sterbens Vermächtnis

ein Windhauch nur
Flügelschlag allen Sehens

II
Die in Zartheit versunken
lächelnden Glücks
besternen Verdunkeltes
lichtern Liebe
behauchen entatmeten Nachtwind
stillen Gestirns

III
Allen Gesichtern in uns
entfallen wohnt ihr
in Allem

gnadet das Helle
in der tiefsten Tiefe

wartet
wacht

IV
Lichtwesen
flügeln um mich
wehenden Zugs

lärmenden Rausches
verborgen

sichtbar
in der Dämm'rung Spiegel

V
Ich spüre ihre Nähe
wenn mein Sein
mich an den Rand drängt
voll sehnenden Suchens

in mich hinein hörend
spricht ins Irdische
das Unsichtbare

und stillt mich

VI
Oh ich erkenne Ihn
im Sanftmut ihrer Augen
im nie endenden Lächeln
in der Schönheit des Reinen

Wie nah sie mir kommen
wenn ich in der Ferne versinke
wie weit sie mir folgen
im Untergang

Welche Klarheit
wenn ihr Öffnen
mich erreicht
VII
All Deine Engel
bemühen sich
um uns

Sie trauern um uns
weinen ums uns
warten auf uns

So wie wir nie
zu warten wagten

S<small>ANKT</small> M<small>ICHAEL</small>

Geleite uns,
du unsichtbarer Geist,
hinüber ins Einland.

Erlöse uns
von der Pein
der Entzweiung.

Hebe uns
den Schleier
der Verheißung.

Gewähre uns
das Licht der Welt.

Engelfigur

HIMMELSPFORTE

Auf dem Altar der Sehnsucht
warten die Kelche des Lebens.

Zärtlichkeit ist das Weihwasser
allen Anfangs.

Wenn sie ihren Segen verteilt,
steht der Erzengel bereit,
uns mit dem Schwert
einen Bann zu schlagen.

LEBENSBESCHWÖRUNG

Wo Gabriel die Posaune bläst,
öffnen sich die Türen zum Firmament.

Emporgehoben von seinen Flügelschlägen
durchschreiten wir die Schranken.

Wind aus Licht umschmeichelt
unsere Haut, die neugeboren wächst.

Aus den Tiefen der Nacht entflohen,
befällt uns die Beschwörung des Lebens.

Stille Orte

AUF DER RÜCKSEITE DES TODES
läuft die Zeit ins Ewige

des Lebens Abriss
schreibt die zerbrechlichsten Blätter

Fasern des nicht Wiederholbaren
zerbröseln in der stillen Gewalt

zwischen den Fingern der offenen Fragen
treibt uns der Wind
bis wir wieder sind

wie Kinder
deren Drachen aufsteigen

im Rausch der Farben wandeln wir
bis an den Rand unseres Rahmens

fest steht er auf dem Berg
durchlässig für ein Geschick
das du nicht kennst

FLUCHTWEG

Bahnhofsnebel frühfrisch aus dem sich löst
eine Frau im schwarzen Mantel

stillstehen vor der Zeit
vor dem Rhythmus der Fahrpläne
wohin er heute fährt

wer weiß wie viel Dunst
die Seele durchschaut
aushält wachrüttelt

sie trägt einen grauen Koffer
wie ein Schmuckstück
der Zugführer lässt die Türen schließen

er sieht sie an die Unschlüssige
die zwischen den Bänken schlendert
als hätte sie noch viel Zeit
er setzt die Pfeife an die Lippen
Achtungspfiff

die Frau stürzt auf ihn zu
drängt ihm den Koffer auf
der Deckel geht auf
vergilbte Briefe fallen auf den Boden
einige fängt der Wind trägt sie davon

ich schenke ihnen mein Leben sagt sie
springt auf die Gleise vor den Zug
der sie langsam überrollt

Andacht

Setz dich ins Moostuch Wanderer
kommst du zum Pfarrer-Rug-Park
du blickst in den Zapfenbewuchs der Zeder

schau in den Himmel Wanderer
beim Schlag der Kirchturmuhr
sie zeigt die irdische Zeit an

Weihrauch vom Burgwinkel herüber zieht
für die Andacht der Stille
in der die Stunde sich mit der Zeit versöhnt

Siehst du die Quadersteine
hier thront der Friede-Fürst

Tochter Zion

Zwergginster polstert den Hag
im aufrechten Nadelgehölz
knarren Zapfen

einst fielen sie wie Schuppen
von den Augen des Niedergangs
Ziegelsteine sind gefallen

Tochter Zion wachte auf
schrieb in den Sand der roten Zone
eine Erklärung aus Barmen

mit Quadern wieder aufgebaut
wartet neben der Martinskirche
der Pfarrer-Rug-Park
auf alle die nachkommen

STILLES LEBEN

Verwitterte Felsbrocken
Stühle aus Stein
auf der Parkterrasse

Arena der Zeder
nahe der Martinskirche
die Stille wiegt
über Grabstätten

hinter der Mauer
das Denkmal der Gefallenen
letzten Jahrhunderts
mahnt
mit staubigen Augen

im Blätterfall
stöbern Standvögel

MARTINSKIRCHE

Was wäre aus dir geworden
Martinskirche
im französischen Saarland

L'église Saint-Martin
unter dem Schutzpatronat Frankreichs
Gedenkstätte der Roten Zone

Was wäre aus dir geworden
Martinskirche
im französischen Saarland

Außenstelle der westeuropäischen Union
Längst sind die neuen Grenzen gefallen
im vereinten Europa

Was ist aus dir geworden
Martinskirche
im saarländischen Köllerbach

Gebetshaus aller Christen
Versammlungsstätte der Gläubigen

Karl-Ludwig Rug
würde Johannes Hoffmann die Hand reichen
Robert Schuman war hier

Alter Jüdischer Friedhof Saarbrücken

Hoch hallen die Stadtgeräusche
schlagen gegen die Straßenwand

deren Echo im Stern
des gealterten Gemäuers vibriert

an diesem Ort der Ruhestätte
ist die Mauer ein letzter Schutz
durchlässig für eine Sprache
die hier kaum noch jemand spricht

das Öllämpchen verlor längst
seine Flamme in der Verwitterung
im Morast der gefallenen Blätter
wühlt ein kleiner Vogel

Die das Tor aufschließen
suchen nach Gräbern
wo Steine wie Seelen sind

STUMME SCHREIE

Sie wusste nicht, wie lange sie bereits am Tor stand, als der Wagen eines Beerdigungsinstituts vorfuhr. Ein Herr in Jeans und kariertem Hemd stieg aus, öffnete das Zufahrtstor und fuhr den Wagen durch die Einfahrt auf den Friedhof. Endlich fasste sie sich Mut und betrat ebenfalls das Gelände, das eine seltsame Anziehung auf sie ausübte. Als Kind ging sie häufiger alleine auf Friedhöfe, nicht aus Gründen der Trauer oder weil sie die Gräber ihrer Vorfahren aufsuchen wollte. Friedhöfe bedeuteten für sie einen Ort der Ruhe und Stille, des Auflösens der Gegenwart und des Aufhebens von Zeitgrenzen.

„Ist der Friedhof immer offen? Der alte Friedhof in der Simonstraße ist zugesperrt. Wenn man dort hinein will, muss man sich den Schlüssel bei der jüdischen Gemeinde holen."

„So weit ich weiß, ist der hier immer geöffnet und für jeden zugänglich."

„Haben sie schon von Schändungen gehört. Gibt es das hier ebenfalls?" fragte sie.

„Da fragen sie besser den Gemeindevorsitzenden. Der kommt in einer Stunde. Heute Mittag ist eine Beerdigung."
Der Herr war freundlich und auch etwas verwundert über diese Fragen. Was wollte die Frau?
„Danke. Ich kenne den Herrn, hab schon mit ihm telefoniert." Sie ging den Hauptweg entlang und bog in einen Seitengang ein. Die Namen auf den Grabsteinen kamen ihr irgendwie bekannt vor. Da lagen Familie Simon, Frau Marx, Herr Wainstock, Familie Salomon. Nichts war ihr fremd. Die Gravuren waren meist in hebräisch, manche hatten auch deutsche Inschriften. Der Friedhof unterschied sich kaum von den anderen, die sie besucht hatte. Nur die Grabsteine trugen anstatt eines Kreuzes den Davidsstern. Die Ruhe war jedoch anders, diese Stille wollte ihr etwas mitteilen. Sie sah auf die Todesjahre der hier Ruhenden.

In diesem Seitengang lagen schon sehr alte Menschen, noch Mitte des neunzehnten Jahrhunderts geboren. Das

Lebensalter schwankte zwischen sechzig und achtzig Jahren, nichts Auffallendes.

Sie blieb eine Weile stehen, hörte Menschen reden. Es waren wenige Besucher da, die sich über ihre Verwandten unterhielten. Sie ging weiter. Auch dort nichts Besonderes. Die Verwitterung war unterschiedlich. Manche Gräber waren besonders sorgfältig hergerichtet, andere hatten wohl schon längere Zeit keinen Besucher mehr gesehen.

Im nächsten Seitengang wurden die Menschen jünger. Schließlich kam sie in eine Reihe, in der ein Todesjahr dominierte. Fast alle waren in diesem Jahr gestorben. Wir haben sie alle umgebracht, die Menschen, die hier liegen, dachte sie. Deshalb ist die Stille so laut. Sie hörte die stummen Schreie der Seelen.

Plötzlich war ihr, als greife jemand nach ihrer Brust, als wollte ihr jemand das Herz herausnehmen. Mein Gott, rief es in ihr, warum hast du das zugelassen? Mein Gott, weshalb kann ich nicht dort liegen? Mein Gott, warum lässt du mich leben in einem Land, das Menschen massenweise ermordet hat? Mein Gott, wie soll ich die Erbschuld ertragen? Sie erstarrte für einen Moment. Ein Besucher kam vorbei. Er musste wohl gemerkt haben, dass sie entsetzlich erschrocken war.

„Der Ewige sieht uns alle, er sieht uns kommen, er nimmt uns zu sich, er ist der Herr der Zeit. Doch niemals nimmt er uns die Last zu leben. Wir können seine Güte erflehen, doch nicht die Vergebung fordern, wir können auf sein Erscheinen hoffen, doch niemals sein Bild verlangen. Wir können seine Liebe fühlen, wenn wir uns befreien von der Kälte der Herzen. Nur Gott kennt den großen Plan, doch ausführen muss ihn jeder selbst."

UNSICHTBARES MAHNMAL

Schatten wirft der alte Baum
im Turm schlagen die Zeiger der Uhr
eine unirdische Zeit
nein, dieses Sonnengeplänkel
dringt nicht ins Gestein

es liegt ein Klagen in der Luft
das aus Gefängniszellen
des unterirdischen Labyrinths
nach oben weint
sich auftürmt

und tausende Hände
greifen nach Luft
halten sich daran fest
klettern auf Wolkenstege
um davon zu eilen
mit heiler Haut
in den Himmel

unsichtbar bleibt
was unerhört
nur die kleinen grauen Quader
zählen die Namen der Friedhöfe

eine Inschrift
in die Zeit getrieben
wie die Bibel die der Wind aufblättert

Schlossplatz Saarbrücken

Für Nelly Sachs

JENSEITS DES SAMENSÄENDEN

1
SO IST

So ist
das Meergewordene
in der Bucht des Todes
die Springflut des Lichts

Ihr alle
die ihr im Meer
versammelt seid
schäumt eure weißen Blüten
in die Tränen
der Nachgeborenen

damit niemand
sich der Blütenkränze
je erwehren kann

2
Ausgrabung

Nicht mit meinen Augen
die Unermesslichkeit
der Trauer
der Sehnsucht
der Liebe
sah ich
den blutroten Sand
unter den Füßen Deutschlands

Das Nichtmehratmenkönnen
in einer Luft
aus Sterbetönen

vertraut sich mir an
der unfassliche Verlust
der aus den Wurzeln
der Zurückgekehrten klagt

Ihr alle
Totengeister
ruft einen Namen

Und Seine Stimme
sieht in mir
nach meinen Wurzeln

die mühsam nur
ich versuche
auszugraben

3
Suche nach Licht

In den Sternen Zions
wartet das Licht
auf den Jom Kippur
Deutschlands

Israel
dein Haus ist mein Haus
deine Sterne sind meine Sterne

deine Stimme
spricht zu mir

von der Sternverdunklung
von der Nachtschwemme
von der gestohlenen Zeit

Dein Zeitgrat bricht sich
in der Sprachlosigkeit des Untergangs
in der Glaublosigkeit der Erschreckenden

Ein spätes Flehen
drängt ans Licht

das Flehen
der Aufwachenden und Mahnenden
der Unerschrockenen und Nimmermüden

Erhöre Israel
das Flehen
einer Generation

Die Erben
des Schreckens
suchen das Licht

4
Land ohne Frühling

Diese Worte
diese winzigen Worte
entweichen dem dunklen Vergessen
der Verdrängung des Jahrhunderts
dem Grab des Unfassbaren
dem Feuer der Weissagung

Sie erzählen mir
vom Frühling der Neugeborenen
vom Herbst der Geplagten
vom Winter der Erfrierenden

Während die Sonne scheint
die Saat keimt
der Sprössling aufblüht
wächst der gedungene Tod

und alle Frühlinge Deutschlands
ersticken

wären da nicht
ihre Worte
ihre winzigen Worte
die ein anderes Land besäen.
und ihm Fruchtbarkeit
schenken

wie der ungeborene Samen

Wer verleiht ihren Worten
die Stimme
die zu hören
die Jahre verstehbarer macht

Wer ist bereit
den Samen zu empfangen

den der Wind der Grabesruhe verliert
in den Furchen
die das Jahrhundert gezogen hat

Wann finden sich Samen und Staubkorn
zu einem neuen Frühling

5
Scheine Sonne
Lichtbringerin

auf die Äcker
die der Samen berührt

befruchte die Finsternis
auch wenn sie sich
verweigert

kein Ewig
kann dem Sämensäenden
die Fruchtbarkeit entziehen

6
Briefwechsel

Hier kann nicht schweigen
wen die Frühlingsknospe berührt
die du lange herbeigesehnt

In diesem Land aus Asche
liegt noch immer Rauch in der Luft

Die Zähne der Vergangenheit
malen mit staubvergessenen Händen

längst droht dem Fenster Verschluss

der Allgegenwärtige
sieht der Sternengeburt zu

Feuervögel befliegen schon
neu gepflügte Äcker

Chöre der Frühjahrsblüher
begleiten Wandernde

über Spalten springen sie
Netze spannend zwischen den Felsen

die in Luftwohnungen singen
vertäuen das Alef Bet

Anhang

ANMERKUNGEN

Gedicht „In Paradisum deducant"
Lateinischer Antiphon aus den Exequien, Überführung des Leichnams von der Kirche zum Friedhof:
In paradisum deducant te angeli
Chorus angelorum te suscipiat,
et cum Lazaro, quondam paupere,
æternam habeas requiem.

Deutscher Text
Zum Paradies mögen Engel dich geleiten
Der Chor der Engel möge dich empfangen,
und mit Lazarus, dem einst armen,
mögest du ewige Ruhe haben.

Gedicht „Messgang"
Agnus Dei - Teil des Ordinariums der Heiligen Messe das nach dem Brechen des Brotes vor der heiligen Kommunion von den Gläubigen gesprochen wird: Priester: „Denn so oft ihr von diesem Brot esst und aus dem Kelch trinkt, verkündet ihr den Tod des Herrn, bis er kommt."1 Kor 11,23-26.
Vormals Fürbitte, heute Begleittext der Gläubigen:

Lateinischer Text
Agnus Dei, qui tollis peccata mundi, miserere nobis
Deutscher Text
Lamm Gottes, du nimmst hinweg die Sünden der Welt, erbarme dich unser.

Gedicht Eigentumsverhältnisse
„ Da sah Jesus seine Jünger an und sagte zu ihnen: Wie schwer ist es für Menschen, die viel besitzen, in das Reich Gottes zu kommen! Die Jünger waren über seine Worte bestürzt. Jesus aber sagte noch einmal zu ihnen: Meine Kinder, wie schwer ist es, in das Reich Gottes zu kommen! Eher geht ein Kamel durch ein Nadelöhr, als dass ein Reicher in das Reich Gottes gelangt. Sie aber erschraken noch mehr und sagten zueinander: Wer kann dann noch gerettet werden? Jesus sah sie an und sagte: Für Menschen ist das unmöglich, aber nicht für Gott; denn für Gott ist alles möglich." – Mk 10,23-27

Gedicht Frau Christin
Lateinischer Textausschnitt aus der katholischen Totenliturgie

Offertorium:
Domine Iesu Christe, Rex gloriae,
libera animas omnium fidelium defunctorum
de poenis inferni, et de profundo lacu:

Deutscher Text
Herr Jesus Christus, König der Herrlichkeit,
bewahre die Seelen aller verstorbenen Gläubigen
vor den Qualen der Hölle und vor den Tiefen der Unterwelt.

GEDICHTE, DIE AUSGEZEICHNET WURDEN

'Hinwendung zum Du' (1-6) – In memoriam Martin Buber
"Segnalazione di Merito" für den besten ausländischen Beitrag in der Sparte D beim Internationalen Literaturwettbewerb "Europa Nuova Millenio" der Associazione Culturale "Avvenire D'Abruzzo in Luco dei Marsi (AQ) im Juni 2000.

'Blauäugig oder die Erlösung von der Angst'
aus dem Buch 'Vermisstenanzeige'
2. Preis in der Sparte D (verschiedene Textgattungen und Themen) beim Internationalen Literaturwettbewerb Lev Tolstoj der Associazione Culturale Avvenire d'Abruzzo in Luco dei Marsi im Dezember 2001.

„Nächte des Lichts",
Superpremio Mondo Culturale " in der Sparte B (raccolta inedita) beim Internationalen Literaturwettbewerb Ommagio a Goldoni Centro Europeo di Cultura, Rom im Oktober 2002.

QUELLENVERZEICHNIS

Originale:
Heilige Steine, Jerusalem, Schuld und Sühne, Erscheinungen, Grabeskirche, Fahrt nach Tel Aviv, Strandhotel in Nahsholim, Abschied

Die anderen Gedichte sind folgenden Büchern von Vera Hewener entnommen:

So leicht stirbt der Regen. Neunziger Gegenwartslyrik. Edition Calamus. Sonderdruck Püttlingen 1999.

Vermisstenanzeige. Gewidmet den ermordeten Juden des Naziregimes. Lyrik und Prosa. Libri BoD. Norderstedt 2000. ISBN 3-8311-0748-3. 2. erw. Auflage 2014. ISBN 978-3831107483.

Lichtflut. Reisenotizen. Lyrik und Prosa. Edition Calamus. Norderstedt 2001. ISBN 3-8311-1493-5. 2. erw. Auflage 2014. ISBN 987-3831114931.

Bist Himmel mir und tausend Feuerfunken. Gedichte. Mauer Verlag. Rottenburg a/N. 2003. ISBN 3-937008-46-2.

Es kommen andere Ewigkeiten. Gedichte. WiKu Édition Paris ISBN 2-84976-018-8 WiKu Verlag 2007. ISBN 978-3-86553-189-6.

Himmelsstürme. Gedichte mit Fotografien. edition Wort Verlag Bitburg 2010. ISBN 978-3-936554-00-3.

Das Jahr: Dichtung in vier Sätzen. Gedichte mit Fotografien. BoD Books on Demand Norderstedt 2013. ISBN 978-3-7322-3168-3.

Zaubervolle Winterwelt. Gedichte, Geschichten, Notizen. Verlag BoD Books on Demand. Norderstedt 2014. ISBN 9783735761262.

Frühlingsserenade. Die schönsten Gedichte, Geschichten und Notizen zur Frühlingszeit. Verlag BoD Books on Demand. Norderstedt 2015. ISBN 978-3-7347-3140-2.

In der Saar schwimmen keine Krokodile. Gegenwartslyrik & Texte. Verlag BoD Books on Demand. Norderstedt 2015. ISBN 9783738635676

BÜCHERLISTE

Vermisstenanzeige. Gewidmet den ermordeten Juden des Naziregimes. Lyrik und Prosa. Libri BoD. Norderstedt 2000. ISBN 3-8311-0748-3. 2. erw. Auflage 2014. ISBN 978-3831107483.

Lichtflut. Reisenotizen. Lyrik und Prosa. Edition Calamus. Norderstedt 2001. ISBN 3-8311-1493-5. 2. erw. Auflage 2014. ISBN 987-3831114931.

Eine Neigung aus Blau. Gegenwartslyrik. Norderstedt 2002. ISBN 3.8311-3334-4. 2. Auflage 2014. ISBN 9783831133345

Bist Himmel mir und tausend Feuerfunken. Gedichte. Mauer Verlag. Rottenburg a/N. 2003. ISBN 3-937008-46-2.

Verwirbelungen der Zeit. Lyrik mit Bildern von Carolin Isele. WiKu Éditions Paris E.U.R.L. Paris und WiKu Verlag KG Berlin 2005. ISBN 3-86553-203-9.

Es kommen andere Ewigkeiten. Gedichte. WiKu Édition Paris ISBN 2-84976-018-8 WiKu Verlag 2007. ISBN 978-3-86553-189-6.

Himmelsstürme. Gedichte mit Fotografien. edition Wort Verlag Bitburg 2010. ISBN 978-3-936554-00-3.

Das Jahr: Dichtung in vier Sätzen. Gedichte mit Fotografien. BoD Books on Demand Norderstedt 2013. ISBN 978-3-7322-3168-3.

Zaubervolle Winterwelt. Gedichte, Geschichten, Notizen. Verlag BoD Books on Demand. Norderstedt 2014. ISBN 9783735761262.

Frühlingsserenade. Die schönsten Gedichte, Geschichten und Notizen zur Frühlingszeit. Verlag BoD Books on Demand. Norderstedt 2015. ISBN 978-3-7347-3140-2.

Die Blüte des Sommers. Sommeranthologie. Die schönsten Gedichte, Geschichten und Kalendernotizen. Verlag BoD Books on Demand. Norderstedt 2015. ISBN 978-3-7347-89540.

In der Saar schwimmen keine Krokodile. Gegenwartslyrik & Texte. Verlag BoD Books on Demand. Norderstedt 2015. ISBN 9783738635676

Von Lorraine nach Aquitaine. Reisenotizen in Lyrik und Prosa. Verlag BoD Books on Demand. Norderstedt 2016. ISBN 9783741210860